UN GRAND SUJET **DE JOIE**

Évangile selon **Luc**
& **Actes** des Apôtres

ISBN : 978-2-87907-629-4
Imprimerie : BasseDruck, Hagen, Allemagne
Dépôt légal : avril 2018

Graphisme couverture : gaellejammes.myportfolio.com

UN GRAND SUJET **DE JOIE**

Évangile selon **Luc** & **Actes** des Apôtres

Bibles
et **P**ublications **C**hrétiennes

30 rue Châteauvert CS 40335
26003 VALENCE CEDEX - FRANCE

editeurbpc.com

Lecteur,

La Bible est la Parole de Dieu. Elle est la révélation de Dieu, c'est-à-dire qu'elle nous fait connaître qui est Dieu, quelles sont ses pensées, qui est Jésus Christ. Ce que nous sommes et notre avenir y sont clairement expliqués. Le destin de l'univers y est dévoilé. Seule la Bible apporte des réponses vraies à nos questions (le passé, l'avenir, la mort, l'éternité, la souffrance, le bonheur, le mal, le bien...) car elle est le livre de Dieu. La Bible n'est pas l'aboutissement de la sagesse ou de l'intelligence humaines ; les écrivains n'ont pas adapté la pensée de Dieu selon leurs idées, leur éducation ou leur caractère. Mais par la puissance du Saint Esprit, Dieu a communiqué sa pensée, ses paroles à des hommes qu'il a choisis et préparés à cet effet : « *De saints hommes de Dieu ont parlé, étant poussés par l'Esprit Saint* » (2 Pierre 1.21). Ainsi, par la Bible, Dieu s'adresse personnellement à chacun de nous, à toi en particulier.

La Bible, qui forme un seul volume, se compose de deux parties qui s'éclairent l'une l'autre :

- **L'Ancien Testament** (39 livres : les 5 livres de Moïse ou Pentateuque, 12 livres historiques, 5 poétiques, 17 prophétiques). L'Ancien Testament a été écrit bien avant la naissance de Jésus Christ. Il présente les origines de l'humanité et ses caractères moraux, et montre comment Dieu s'est occupé des hommes, et particulièrement d'un peuple : Israël. L'Ancien Testament nous annonce la venue sur la terre du Christ, le Fils de Dieu.

- **Le Nouveau Testament** (27 livres : 4 évangiles, les Actes des Apôtres, 21 épîtres, l'Apocalypse). Le Nouveau Testament a été écrit quelques dizaines d'années après la mort et la résurrection de Jésus Christ, il y a environ 2 000 ans.

Les quatre premiers livres du Nouveau Testament, **les évangiles** (mot qui signifie la bonne nouvelle), retracent la vie de Jésus Christ sur la terre, chacun sous un éclairage complémentaire. On y voit Jésus, Homme parfait, sans péché, marcher de lieu en lieu et faire le bien. Rejeté par l'humanité, il a accepté de mourir sur une croix pour délivrer de leurs péchés ceux qui croient en lui.

Le livre des **Actes des Apôtres** nous présente Jésus ressuscité qui monte au ciel, puis envoie l'Esprit Saint, le jour de la Pentecôte, en vue de convaincre l'humanité perdue de se repentir envers Dieu et de croire en Jésus Christ.

Les autres livres du Nouveau Testament développent ce que sont la foi et l'espérance chrétiennes. Ils montrent les nouvelles relations avec Dieu, relations dans lesquelles on entre par Christ. Ces livres aident aussi ceux qui croient, à vivre la foi chrétienne dans un monde hostile.

Tous les livres de la Bible sont divisés en chapitres. Le troisième livre du Nouveau Testament, l'Évangile selon Luc, comprend 24 chapitres. Les chapitres sont eux-mêmes subdivisés en versets numérotés. Cette division permet de situer exactement une citation de la Bible. Ainsi, l'indication : Luc 24. 44-48 renvoie à : Évangile selon Luc, chapitre 24, versets 44 à 48. En cherchant ce passage dans Luc, tu trouveras qu'il y est écrit : « *Il leur dit : Telles sont les paroles que je vous disais quand j'étais encore avec vous : il fallait que soit accompli tout ce qui est écrit de moi dans la loi de Moïse, dans les Prophètes et dans les Psaumes. Alors il leur ouvrit l'intelligence pour comprendre les Écritures. Et il leur dit : Il est ainsi écrit ; et ainsi il fallait que le Christ souffre, qu'il ressuscite d'entre les morts le troisième jour, et que la repentance et la rémission des péchés soient prêchées en son nom à toutes les nations, en commençant par Jérusalem. Vous, vous êtes témoins de tout cela* ».

Tu as entre les mains **l'Évangile selon Luc et le livre des Actes des Apôtres**. Nous t'encourageons cependant à te procurer et à lire la Bible.

En annexe, tu trouveras un bref résumé qui explique comment recevoir Jésus, naître de nouveau, et aller au ciel.

Les signes ○ ⌂ ▽ placés à la fin d'un mot renvoient à l'Index alphabétique situé en fin d'ouvrage, pour une explication de ce mot.

L'astérisque (*) placé après le mot "Seigneur" signifie que ce nom correspond à l'Éternel de l'Ancien Testament.

Les textes entre guillemets sont généralement des citations de l'Ancien Testament.

Abréviations :
  c.-à-d. : c'est-à-dire
  comp. : comparer
  litt. : littéralement
  A.T. : Ancien Testament
  N.T. : Nouveau Testament

ÉVANGILE SELON LUC

LA VENUE DE JÉSUS, LE CHRIST

1 Puisque plusieurs ont entrepris de rédiger un récit des faits qui sont pleinement reçus parmi nous, ²comme nous les ont transmis ceux qui, dès le commencement, ont été les témoins oculaires et les serviteurs° de la Parole, ³il m'a semblé bon à moi aussi, qui ai tout suivi exactement depuis le début, de t'en écrire le récit ordonné, très excellent Théophile, ⁴afin que tu connaisses la certitude des choses dont tu as été instruit.

Annonce de la naissance de Jean-Baptiste
⁵Aux jours d'Hérode°, roi de Judée°, il y avait un sacrificateur°, nommé Zacharie, de la classe d'Abia; sa femme était de la descendance d'Aaron, et son nom était Élisabeth. ⁶Ils étaient tous deux justes devant Dieu, marchant dans tous les commandements° et dans toutes les ordonnances du Seigneur*, sans reproche. ⁷Ils n'avaient pas d'enfant, parce qu'Élisabeth était stérile; et ils étaient tous deux très âgés.

⁸Or il arriva, pendant qu'il exerçait le sacerdoce° devant Dieu dans l'ordre de sa classe, ⁹que, selon la coutume sacerdotale, il fut désigné par le sort pour offrir le parfum en entrant dans le temple° du Seigneur*. ¹⁰Et toute la multitude du peuple était en prière, dehors, à l'heure du parfum.

¹¹Or un ange du Seigneur* lui apparut, debout à la droite de l'autel du parfum. ¹²Zacharie, en le voyant, fut troublé, et la crainte le saisit. ¹³Mais l'ange lui dit :

— Ne crains pas, Zacharie, parce que tes supplications ont été exaucées; ta femme Élisabeth t'enfantera un fils, et tu l'appelleras du nom de Jean. ¹⁴Il sera pour toi un sujet de joie et d'allégresse, et beaucoup se réjouiront de sa naissance ; ¹⁵car il sera grand devant le Seigneur*, il ne boira ni vin ni boisson forte, et il sera rempli de l'Esprit Saint déjà dès le ventre de sa mère. ¹⁶Il fera retourner un grand nombre des fils d'Israël au Seigneur* leur Dieu. ¹⁷Et il ira devant Lui dans l'esprit et la puissance d'Élie, pour faire retourner les cœurs des pères vers les enfants, et les désobéissants à la pensée des justes, pour préparer au Seigneur* un peuple bien disposé. ¹⁸Zacharie dit à l'ange :

– Comment connaîtrai-je cela, car moi je suis un vieillard, et ma femme est très âgée ? ¹⁹L'ange lui répondit :

– Moi, je suis Gabriel, qui me tiens devant Dieu, et j'ai été envoyé pour te parler et pour t'annoncer ces bonnes nouvelles. ²⁰Et voici, tu seras réduit au silence, sans pouvoir parler, jusqu'au jour où cela arrivera, parce que tu n'as pas cru mes paroles qui s'accompliront en leur temps.

²¹Le peuple attendait Zacharie ; on s'étonnait qu'il s'attarde dans le temple°. ²²Quand il fut sorti, il ne pouvait pas leur parler, et ils comprirent qu'il avait eu une vision dans le temple° ; lui-même leur faisait des signes, et il demeurait muet. ²³Puis il arriva, quand les jours de son service furent accomplis, qu'il repartit chez lui.

²⁴Après ces jours-là, Élisabeth sa femme conçut, et elle se cacha cinq mois, disant : ²⁵Ainsi m'a fait le Seigneur* dans les jours où il m'a regardée, pour ôter mon opprobre parmi les hommes.

Annonce de la naissance de Jésus

²⁶Au sixième mois, l'ange Gabriel fut envoyé par Dieu dans une ville de Galilée°, nommée Nazareth, ²⁷à une vierge, fiancée à un homme dont le nom était Joseph, de la maison[a] de David ; et le nom de la vierge était Marie. ²⁸L'ange entra auprès d'elle et dit :

---

a • c.-à-d. : *descendance, comme v. 33, 69 et 2. 4.*

— Je te salue, toi qui es comblée de faveur ! Le S(ei)gneur* est avec toi. Tu es bénie parmi les femmes.
²⁹Elle fut troublée à sa parole et raisonnait en elle-même sur ce que pouvait signifier cette salutation. ³⁰L'ange lui dit :
— Ne crains pas, Marie, car tu as trouvé grâce auprès de Dieu. ³¹Et voici, tu concevras dans ton ventre, tu enfanteras un fils et tu l'appelleras du nom de Jésus. ³²Il sera grand et sera appelé Fils du Très-Haut ; le Seigneur* Dieu lui donnera le trône de David son père ; ³³il régnera sur la maison de Jacob à toujours, et il n'y aura pas de fin à son royaume.
³⁴Marie dit à l'ange :
— Comment cela arrivera-t-il, puisque je ne connais pas d'homme ? ³⁵L'ange lui répondit :
— L'Esprit Saint viendra sur toi, et la puissance du Très-Haut te couvrira de son ombre ; c'est pourquoi celui qui naîtra, saint^a, sera appelé Fils de Dieu°. ³⁶Et voici, Élisabeth ta parente, elle aussi, a conçu un fils dans sa vieillesse, et celle qui était appelée stérile en est à son sixième mois ; ³⁷car rien ne sera impossible à Dieu. ³⁸Marie dit alors :
— Voici l'esclave du Seigneur* ; qu'il me soit fait selon ta parole.
Et l'ange s'en alla d'auprès d'elle.

Marie rend visite à Élisabeth

³⁹En ces jours-là, Marie se leva et s'en alla en hâte au pays des montagnes, dans une ville de Juda. ⁴⁰Elle entra dans la maison de Zacharie et salua Élisabeth. ⁴¹Et il arriva, dès qu'Élisabeth entendit la salutation de Marie, que le petit enfant tressaillit dans son ventre ; alors Élisabeth fut remplie de l'Esprit Saint ; ⁴²elle s'écria à haute voix :
— Tu es bénie parmi les femmes, et béni est le fruit de ton ventre ! ⁴³Et d'où m'est-il donné que la mère de mon Seigneur vienne vers moi ? ⁴⁴Car voici, dès que la voix de ta salutation est parvenue à mes oreilles, le petit enfant a tressailli d'allégresse dans mon

---

a • *ou :* l'être saint qui naîtra.

ventre. ⁴⁵Et bienheureuse est celle qui a cru, parce qu'il y aura un accomplissement de ce qui lui a été dit de la part du Seigneur*.

⁴⁶Et Marie dit :

– Mon âme magnifie le Seigneur*, ⁴⁷et mon esprit s'est réjoui en Dieu mon Sauveur, ⁴⁸parce qu'il a regardé l'humble état de son esclave ; car voici, désormais toutes les générations me diront bienheureuse, ⁴⁹parce que le Puissant m'a fait de grandes choses, et son nom est saint, ⁵⁰et sa miséricorde est de générations en générations pour ceux qui le craignent. ⁵¹Il a agi puissamment par son bras ; il a dispersé les hommes au cœur orgueilleux ; ⁵²il a fait descendre les puissants de leurs trônes, et il a élevé les humbles ; ⁵³il a rempli de biens ceux qui avaient faim, et il a renvoyé les riches à vide ; ⁵⁴il a pris la cause d'Israël, son serviteur, pour se souvenir de sa miséricorde ⁵⁵(comme il l'avait déclaré à nos pères°) envers Abraham et envers sa descendance, à toujours.

⁵⁶Marie demeura avec Élisabeth environ trois mois ; puis elle retourna chez elle.

Naissance et circoncision de Jean-Baptiste

⁵⁷Or le temps où Élisabeth devait accoucher fut accompli, et elle mit au monde un fils. ⁵⁸Ses voisins et ses parents apprirent que le Seigneur* avait magnifié sa miséricorde envers elle, et ils se réjouirent avec elle. ⁵⁹Il arriva, au huitième jour, qu'ils vinrent pour circoncire° le petit enfant ; et ils l'appelaient Zacharie, du nom de son père. ⁶⁰Mais sa mère intervint et dit :

– Non, mais il sera appelé Jean. ⁶¹Ils lui dirent :

– Il n'y a personne de ta parenté qui soit appelé de ce nom.

⁶²Alors ils firent signe à son père de déclarer comment il voulait qu'il soit appelé. ⁶³Ayant demandé une tablette, il écrivit ces mots : Jean est son nom. Ils en furent tous étonnés ; ⁶⁴et à l'instant sa bouche fut ouverte, sa langue déliée ; et il parlait, louant Dieu. ⁶⁵Tous leurs voisins furent saisis de crainte ; et on s'entretenait de toutes ces choses par tout le pays des montagnes de Judée° ; ⁶⁶tous ceux qui les

apprirent les gardèrent dans leur cœur en se disant : Que sera donc cet enfant ? Et en effet, la main du Seigneur* était avec lui.

Prophétie de Zacharie
⁶⁷Zacharie, son père, fut rempli de l'Esprit Saint et prophétisa :

– ⁶⁸Béni soit le Seigneur*, le Dieu d'Israël, parce qu'il a visité et racheté son peuple, ⁶⁹et nous a suscité une corneᵃ de délivrance dans la maison de son serviteur David. ⁷⁰C'est ce qu'il avait annoncé par la bouche de ses saints prophètes de tout temps : ⁷¹une délivrance de nos ennemis et de la main de tous ceux qui nous haïssent. ⁷²Cela pour accomplir la miséricorde envers nos pères et pour se souvenir de sa sainte alliance°, ⁷³du serment par lequel il a juré à notre père Abraham de nous accorder, ⁷⁴une fois délivrés de la main de nos ennemis, de le servir° sans crainte, ⁷⁵en sainteté et en justice devant lui, tous nos jours.

⁷⁶Et toi, petit enfant, tu seras appelé prophète du Très-Haut : car tu iras devant la face du Seigneur* pour préparer ses voies, ⁷⁷pour donner la connaissance du salutᵇ à son peuple, dans le pardon de leurs péchés, ⁷⁸par la profonde miséricorde de notre Dieu, selon laquelle l'Orientᶜ d'en haut nous a visités, ⁷⁹afin de luire pour ceux qui sont assis dans les ténèbres et dans l'ombre de la mort, pour conduire nos pieds dans le chemin de la paix.

⁸⁰Or l'enfant grandissait et se fortifiait en esprit ; il resta dans les déserts jusqu'au jour de sa manifestation à Israël.

Naissance de Jésus à Bethléem
2 Et il arriva, en ces jours-là, que parut un décret de César° Auguste, ordonnant de recenser toute la terre habitée. ²(Le recensement lui-même se fit seulement pendant que Quirinius était gouverneur de la

---

a • corne, *image de la force*. — b • de la délivrance (v. 69, 71). — c • le soleil levant.

Syrie.) ³Tous allaient se faire recenser, chacun dans sa propre ville. ⁴Joseph aussi monta de Galilée°, de la ville de Nazareth, en Judée°, dans la ville de David qui est appelée Bethléem, parce qu'il était de la maison et de la lignée de David, ⁵pour se faire recenser avec Marie, celle qui lui était fiancée, qui était enceinte. ⁶Or il arriva, pendant qu'ils étaient là, que les jours où elle devait accoucher furent accomplis : ⁷elle mit au monde son fils premier-né, et l'emmaillota, et le coucha dans une crècheᵃ, parce qu'il n'y avait pas de place pour eux dans l'hôtellerie.

Les bergers
⁸Dans la même contrée, il y avait des bergers qui demeuraient aux champs et gardaient leur troupeau pendant les veilles de la nuit. ⁹Alors un ange du Seigneur* se trouva avec eux ; la gloire du Seigneur* resplendit autour d'eux, et ils furent saisis d'une grande peur. ¹⁰L'ange leur dit :

— N'ayez pas peur, car voici, je vous annonce une bonne nouvelle, un grand sujet de joie, qui sera pour tout le peuple : ¹¹Aujourd'hui, dans la cité de David, vous est né un sauveur, qui est le Christ°, le Seigneur°. ¹²En voici pour vous le signe : vous trouverez un petit enfant emmailloté et couché dans une crècheᵃ.

¹³Soudain il y eut avec l'ange une multitude de l'arméeᵅ céleste, qui louait Dieu et disait :

— ¹⁴Gloire à Dieu dans les lieux très hauts ; et sur la terre, paix ; et bon plaisir dans les hommes !

¹⁵Et il arriva, lorsque les anges les eurent quittés pour aller au ciel, que les bergers dirent entre eux : Allons donc jusqu'à Bethléem, et voyons ce qui est arrivé, et que le Seigneur* nous a fait connaître.

¹⁶Ils partirent en hâte, et ils trouvèrent Marie et Joseph, et le petit enfant couché dans la crècheᵃ. ¹⁷Quand ils l'eurent vu, ils divulguèrent la parole qui leur avait été dite concernant ce petit enfant. ¹⁸Tous ceux qui l'entendirent s'étonnèrent de ce qui leur était dit par les bergers. ¹⁹Mais Marie retenait

---

a • mangeoire.

toutes ces choses, les méditant dans son cœur. ²⁰Les bergers s'en retournèrent, glorifiant et louant Dieu pour tout ce qu'ils avaient entendu et vu, selon ce qui leur avait été dit.

Circoncision – Jésus présenté à Dieu dans le temple
²¹Quand furent accomplis les huit jours pour le circoncire°, il fut appelé du nom de Jésus, celui dont il avait été appelé par l'ange avant d'être conçu dans le ventre. ²²Puis, quand les jours de leur purification, selon la loi de Moïse, furent accomplis, ils l'amenèrent à Jérusalem, pour le présenter au Seigneur* ²³(selon ce qui est écrit dans la loi du Seigneur* : Tout mâle premier-né sera mis à part pour le Seigneur*), ²⁴et pour offrir un sacrifice°, selon ce qui est prescrit dans la loi du Seigneur*, une paire de tourterelles ou deux jeunes colombes.

²⁵Et voici, il y avait à Jérusalem un homme dont le nom était Siméon ; cet homme était juste et pieux ; il attendait la consolation d'Israël, et l'Esprit Saint était sur lui. ²⁶Il avait été averti divinement, par l'Esprit Saint, qu'il ne verrait pas la mort avant d'avoir vu le Christ° du Seigneur*. ²⁷Et il vint au temple, conduit par l'Esprit ; au moment où les parents apportaient le petit enfant Jésus pour faire à son égard selon l'usage de la Loi, ²⁸il le reçut dans ses bras, bénit Dieu et dit :

– ²⁹Maintenant, Seigneur, tu laisses aller ton esclave en paix, selon ta parole ; ³⁰car mes yeux ont vu ton salut, ³¹que tu as préparé devant tous les peuples : ³²lumière pour la révélation des nations°, et gloire de ton peuple Israël.

³³Et son père et sa mère s'étonnaient de ce qui était dit de lui. ³⁴Siméon les bénit et dit à Marie sa mère :

– Vois, celui-ci est là pour la chute° et le relèvement de beaucoup en Israël, et pour un signe que l'on contredira ³⁵(une épée transpercera même ta propre âme), en sorte que les pensées de beaucoup de cœurs soient révélées.

³⁶Il y avait aussi Anne, une prophétesse, fille de Phanuel, de la tribu d'Aser. Très âgée – après avoir vécu avec son mari sept ans depuis sa virginité,

³⁷veuve parvenue à l'âge de quatre-vingt-quatre ans –, elle ne quittait pas le temple, servant° Dieu en jeûnes et en prières, nuit et jour. ³⁸Arrivée elle aussi à ce moment-là, elle louait Dieu, et parlait de lui à tous ceux qui, à Jérusalem, attendaient la délivrance.

Enfance de Jésus à Nazareth
³⁹Lorsqu'ils eurent tout accompli selon la loi du Seigneur*, ils retournèrent en Galilée°, à Nazareth leur ville. ⁴⁰L'enfant grandissait et se fortifiait, étant rempli de sagesse ; et la faveur de Dieu était sur lui.

Jésus dans le temple, à Jérusalem
⁴¹Ses parents allaient chaque année à Jérusalem, à la fête de la Pâque°. ⁴²Quand il eut douze ans, comme ils étaient montés à Jérusalem, selon la coutume de la fête, ⁴³et s'en retournaient, une fois les jours accomplis, l'enfant Jésus demeura dans Jérusalem ; mais ses parents ne le savaient pas. ⁴⁴Croyant qu'il était dans la troupe des voyageurs, ils firent une journée de chemin et le cherchèrent parmi leur parenté et leurs connaissances ; ⁴⁵ne le trouvant pas, ils retournèrent à Jérusalem à sa recherche. ⁴⁶Et il arriva, après trois jours, qu'ils le trouvèrent dans le temple, assis au milieu des docteurs°, les écoutant et les interrogeant. ⁴⁷Tous ceux qui l'entendaient étaient stupéfaits de son intelligence et de ses réponses. ⁴⁸Quand ses parents le virent, ils furent frappés d'étonnement, et sa mère lui dit :

– Mon enfant, pourquoi nous as-tu fait cela ? Tu vois, ton père et moi nous te cherchions, très inquiets. ⁴⁹Il leur dit :

– Pourquoi me cherchiez-vous ? Ne saviez-vous pas qu'il me faut être aux affaires de mon Père ?

⁵⁰Mais eux ne comprirent pas la parole qu'il leur disait. ⁵¹Il descendit avec eux et vint à Nazareth ; et il leur était soumis. Sa mère conservait toutes ces paroles dans son cœur. ⁵²Et Jésus avançait en sagesse et en stature, et en faveur auprès de Dieu et des hommes.

Ministère de Jean-Baptiste

3 La quinzième année du règne de Tibère César°, Ponce Pilate° étant gouverneur° de la Judée°, Hérode[a] tétrarque° de la Galilée°, Philippe son frère tétrarque de l'Iturée et de la contrée de Trachonitide, et Lysanias tétrarque de l'Abilène, ²au temps des souverains sacrificateurs° Anne[a] et Caïphe, la parole de Dieu vint à Jean, le fils de Zacharie, au désert. ³Et il alla dans tout le pays des environs du Jourdain, prêchant le baptême de repentance° pour le pardon des péchés ; ⁴comme il est écrit au livre des paroles du prophète Ésaïe : « Voix de celui qui crie dans le désert : Préparez le chemin du Seigneur*, faites droits ses sentiers. ⁵Toute vallée sera comblée, toute montagne et toute colline seront abaissées, et ce qui est tortueux sera rendu droit, les sentiers raboteux deviendront des sentiers unis ; ⁶et toute chair verra le salut de Dieu ».

⁷Il disait donc aux foules qui venaient pour être baptisées par lui :

– Race de vipères, qui vous a avertis de fuir la colère qui vient ? ⁸Produisez donc des fruits qui conviennent à la repentance ; et ne vous mettez pas à dire en vous-mêmes : Nous avons Abraham pour père. Car je vous dis que Dieu peut, de ces pierres, susciter des enfants à Abraham. ⁹Déjà, même, la cognée est mise à la racine des arbres ; ainsi, tout arbre qui ne produit pas de bon fruit est coupé et jeté au feu.

¹⁰Les foules l'interrogèrent :

– Alors, que devons-nous faire ? ¹¹Il leur répondit :

– Que celui qui a deux tuniques partage avec celui qui n'en a pas, et que celui qui a de quoi manger fasse de même.

¹²Des publicains° aussi vinrent pour être baptisés.

– Maître[a], lui dirent-ils, que devons-nous faire ? ¹³Il leur dit :

– Ne percevez rien au-delà de ce qui vous est ordonné.

¹⁴Des soldats aussi l'interrogèrent :

---

a • *ici : prénom masculin.*

– Et nous, que devons-nous faire ? Il leur dit :
– Ne commettez pas d'exactions, n'accusez faussement personne et contentez-vous de votre solde.

¹⁵Comme le peuple était dans l'attente et que tous se demandaient dans leur cœur, au sujet de Jean, si lui ne serait pas le Christ°, ¹⁶Jean répondit à tous :
– Moi, je vous baptise avec de l'eau ; mais il vient, celui qui est plus puissant que moi, lui dont je ne suis pas digne de délier la courroie des sandales : lui vous baptisera de l'Esprit Saint et de feu. ¹⁷Il a son van° dans sa main, il nettoiera entièrement son aire et il assemblera le froment dans son grenier, mais il brûlera la balle au feu qui ne s'éteint pas.

¹⁸Avec encore beaucoup d'autres exhortations, il évangélisait le peuple ; ¹⁹mais Hérode⁰ le tétrarque° – repris par lui au sujet d'Hérodias, la femme de son frère, et au sujet de tous les méfaits qu'il avait lui-même commis – ²⁰ajouta encore à tous les autres celui de mettre Jean en prison.

Baptême de Jésus

²¹Or il arriva que, comme tout le peuple était baptisé, Jésus aussi ayant été baptisé et priant, le ciel s'ouvrit ; ²²alors l'Esprit Saint descendit sur lui sous une forme corporelle, comme une colombe ; et il y eut une voix qui venait du ciel :
– Tu es mon Fils bien-aimé ; en toi j'ai trouvé mon plaisir.

Généalogie de Jésus Christ

²³Jésus lui-même commençait d'avoir environ trente ans, étant fils (de Joseph comme on l'estimait) d'Héli, ²⁴de Matthat, de Lévi, de Melchi, de Jannaï, de Joseph, ²⁵de Mattathie, d'Amos, de Nahum, d'Esli, de Naggé, ²⁶de Maath, de Mattathie, de Séméi, de Josech, de Joda, ²⁷de Johanan, de Rhésa, de Zorobabel, de Salathiel, de Néri, ²⁸de Melchi, d'Addi, de Cosam, d'Elmadam, d'Er, ²⁹de Josué, d'Éliézer, de Jorim, de Matthat, de Lévi, ³⁰de Siméon, de Juda, de Joseph, de Jonan, d'Éliakim, ³¹de Méléa, de Menna, de Mattatha, de Nathan, de David, ³²de Jessé, d'Obed, de Booz, de Salmon, de

Naasson, ³³d'Aminadab, d'Aram, d'Esrom, de Pharès, de Juda, ³⁴de Jacob, d'Isaac, d'Abraham, de Thara, de Nachor, ³⁵de Seruch, de Ragaü, de Phalek, d'Éber, de Sala, de Caïnan, ³⁶d'Arphaxad, de Sem, de Noé, de Lamech, ³⁷de Mathusala, d'Énoch, de Jared, de Maléléel, de Caïnan, ³⁸d'Énos, de Seth, d'Adam, de Dieu.

Tentation de Jésus au désert

4 Jésus, plein de l'Esprit Saint, revint du Jourdain et fut mené par l'Esprit dans le désert ; ²il fut tenté par le diable quarante jours. Et il ne mangea rien pendant ces jours-là ; lorsqu'ils furent achevés, il eut faim. ³Alors le diable lui dit :

— Si tu es Fils de Dieu, dis à cette pierre qu'elle devienne du pain. ⁴Jésus lui répondit :

— Il est écrit : « L'homme[a] ne vivra pas de pain seulement, mais de toute parole de Dieu ».

⁵Le diable, le menant sur une haute montagne, lui montra, en un instant, tous les royaumes de la terre habitée. ⁶Et il lui dit :

— Je te donnerai toute cette autorité, ainsi que la gloire de ces royaumes, parce qu'elle m'a été livrée, et je la donne à qui je veux. ⁷Si donc tu te prosternes devant moi, elle sera toute à toi. ⁸Jésus lui répondit :

— Il est écrit : « Tu rendras hommage au Seigneur* ton Dieu, et tu le serviras° lui seul ».

⁹Le diable l'amena à Jérusalem, le plaça sur le faîte du temple° et lui dit :

— Si tu es Fils de Dieu, jette-toi d'ici en bas ; ¹⁰car il est écrit : « Il donnera des ordres à ses anges à ton sujet, pour te garder » ; ¹¹et : « Ils te porteront sur leurs mains, de peur que tu ne heurtes ton pied contre une pierre ». ¹²Jésus lui répondit :

— Il est dit : « Tu ne tenteras pas le Seigneur* ton Dieu ».

¹³Ayant épuisé toute tentation, le diable s'éloigna de lui pour un temps.

---

a • l'être humain, *homme ou femme*.

LE MINISTÈRE PUBLIC DE JÉSUS EN GALILÉE

¹⁴Jésus revint en Galilée° dans la puissance de l'Esprit ; et sa renommée se répandit à travers toute la région. ¹⁵Lui-même enseignait dans leurs synagogues°, glorifié par tous.

Jésus dans la synagogue à Nazareth

¹⁶Il vint à Nazareth où il avait été élevé. Il entra, selon sa coutume, le jour du sabbat°, dans la synagogue°, et il se leva pour lire. ¹⁷On lui donna le livre du prophète Ésaïe ; il déroula le livre et trouva le passage où il était écrit : ¹⁸« L'Esprit du Seigneur* est sur moi, parce qu'il m'a oint pour annoncer de bonnes nouvelles° aux pauvres ; il m'a envoyé pour proclamer aux captifs la délivrance et aux aveugles le recouvrement de la vue ; pour renvoyer libres ceux qui sont opprimés, ¹⁹pour proclamer l'an agréable du Seigneur* ». ²⁰Puis il roula le livre, le rendit à celui qui était de service et s'assit ; les yeux de tous, dans la synagogue, étaient arrêtés sur lui. ²¹Alors il se mit à leur dire :

– Aujourd'hui, cette Écriture est accomplie, vous l'entendant.

²²Et tous lui rendaient témoignage ; ils s'étonnaient des paroles de grâce° qui sortaient de sa bouche et disaient :

– Celui-ci n'est-il pas le fils de Joseph ? ²³Il leur dit :

– Assurément vous me direz ce proverbe : Médecin, guéris-toi toi-même ! Tout ce que nous avons entendu dire, qui s'est passé à Capernaüm, fais-le ici aussi, dans ton pays. ²⁴Il ajouta :

– En vérité, je vous dis qu'aucun prophète n'est reçu dans son pays. ²⁵En vérité, je vous le dis : Il y avait beaucoup de veuves en Israël, aux jours d'Élie, lorsque le ciel fut fermé trois ans et six mois, et qu'il y eut une grande famine dans tout le pays ; ²⁶mais Élie ne fut envoyé vers aucune d'elles, sinon à Sarepta, dans le pays de Sidon, chez une veuve. ²⁷Il y

*Il déroula le livre et trouva le passage où il était écrit :
"L'Esprit du Seigneur est sur moi..." (chap. 4. 17, 18)*

avait beaucoup de lépreux en Israël au temps du prophète Élisée ; mais aucun d'eux ne fut rendu net^a, sinon Naaman le Syrien.

²⁸ Alors ils furent tous remplis de colère dans la synagogue° en entendant cela ; ²⁹ils se levèrent, le chassèrent hors de la ville et le menèrent jusqu'au bord escarpé de la montagne sur laquelle leur ville était bâtie, de manière à l'en précipiter. ³⁰Mais lui s'en alla en passant au milieu d'eux.

---

a • *ou :* pur.

À Capernaüm, Jésus guérit un démoniaque

³¹ Il descendit à Capernaüm, ville de Galilée°, et il les enseignait, le jour du sabbat ; ³² ils étaient frappés par son enseignement, parce qu'il parlait avec autorité. ³³ Or dans la synagogue se trouvait un homme qui avait un esprit de démon impur° ; il s'écria d'une voix forte :

– ³⁴ Ha! Qu'avons-nous à faire avec toi, Jésus Nazarénien? Es-tu venu pour nous détruire? Je te connais, je sais qui tu es – le Saint de Dieu. ³⁵ Jésus le réprimanda sévèrement :

– Tais-toi et sors de lui!

Le démon jeta l'homme au milieu d'eux et sortit de lui sans lui faire aucun mal. ³⁶ Ils furent tous saisis de stupeur et ils disaient entre eux :

– Quelle est cette parole? Car il commande avec autorité et puissance aux esprits impurs, et ils sortent.

³⁷ Et sa renommée se répandait dans tous les environs.

Jésus guérit la belle-mère de Pierre

³⁸ S'étant levé, il sortit de la synagogue° et entra dans la maison de Simon. Or la belle-mère de Simon était en proie à une forte fièvre ; on le pria pour elle. ³⁹ S'étant penché sur elle, il commanda sévèrement à la fièvre, et celle-ci la quitta : s'étant levée à l'instant, elle les servait.

Jésus guérit, chasse des démons et prêche

⁴⁰ Comme le soleil se couchait, tous ceux qui avaient des infirmes atteints de diverses maladies les lui amenèrent ; et lui, imposant les mains à chacun d'eux, les guérit. ⁴¹ Des démons° aussi sortaient d'un grand nombre de personnes en criant : Tu es le Fils de Dieu. Mais, en les réprimandant sévèrement, il ne leur permettait pas de parler, parce qu'ils savaient qu'il était le Christ°.

⁴² Quand il fit jour, il sortit et s'en alla en un lieu désert ; mais les foules le recherchaient et vinrent jusqu'à lui ; elles le retenaient, pour qu'il ne s'éloigne pas d'elles. ⁴³ Mais il leur dit : Il faut que j'annonce

l'évangile° du royaume de Dieu aux autres villes aussi, parce que c'est pour cela que j'ai été envoyé. ⁴⁴Et il prêchait dans les synagogues de la Galilée°.

Pêche miraculeuse et appel des premiers disciples

5 Or il arriva, comme la foule se pressait autour de lui pour entendre la parole de Dieu, que lui-même se tenait sur le bord du lac de Génésareth. ²Il vit deux barques qui se trouvaient au bord du lac ; les pêcheurs en étaient descendus et lavaient leurs filets. ³Montant dans l'une des barques, qui était à Simon, il lui demanda de s'éloigner un peu de la terre ; et après s'être assis, depuis la barque, il enseignait les foules. ⁴Quand il eut cessé de parler, il dit à Simon :

– Mène en eau profonde, et lâchez vos filets pour la pêche. ⁵Simon lui répondit :

– Maître▽, nous avons travaillé toute la nuit, et nous n'avons rien pris ; mais sur ta parole, je lâcherai les filets.

⁶L'ayant fait, ils prirent une grande quantité de poissons, et leurs filets se déchiraient. ⁷Alors ils firent signe à leurs compagnons qui étaient dans l'autre barque de venir les aider ; ceux-ci vinrent et remplirent les deux barques, au point qu'elles enfonçaient. ⁸En voyant cela, Simon Pierre se jeta aux genoux de Jésus, disant :

– Retire-toi de moi, Seigneur, car je suis un homme pécheur°.

⁹En effet, la frayeur l'avait saisi, lui et tous ceux qui étaient avec lui, à cause de la prise de poissons qu'ils venaient de faire ; ¹⁰de même aussi Jacques et Jean, fils de Zébédée, associés de Simon. Jésus dit à Simon :

– Ne crains pas ; dorénavant tu prendras des hommes.

¹¹Ayant alors mené les barques à terre, ils quittèrent tout et le suivirent.

Guérison d'un lépreux

¹²Il arriva, comme il était dans une des villes, que voici un homme plein de lèpre. Voyant Jésus, il se jeta sur sa face et le supplia, disant :

– Seigneur, si tu veux, tu peux me rendre net[a].

¹³Jésus étendit la main, le toucha et dit :

– Je veux, sois net[a].

Et aussitôt la lèpre se retira de lui. ¹⁴Et il lui commanda de ne le dire à personne :

– Mais va te montrer au sacrificateur°, et offre pour ta purification selon ce que Moïse a ordonné, pour que cela leur serve de témoignage.

¹⁵Mais sa renommée se répandait de plus en plus ; et de grandes foules s'assemblèrent pour l'entendre et pour être guéries de leurs infirmités ; ¹⁶mais lui se tenait à l'écart dans les déserts et priait.

Guérison d'un homme paralysé et pardon des péchés

¹⁷Il arriva, l'un de ces jours-là, qu'il enseignait. Des pharisiens° et des docteurs° de la Loi, qui étaient venus de chaque village de Galilée° et de Judée°, ainsi que de Jérusalem, étaient assis là, et la puissance du Seigneur* était là pour les guérir. ¹⁸Et voici des hommes portant sur un lit un homme qui était paralysé : ils cherchaient à l'introduire et à le mettre devant lui. ¹⁹Comme ils ne trouvaient pas par quel moyen l'introduire, à cause de la foule, ils montèrent sur le toit et, découvrant les tuiles, ils le descendirent avec son petit lit, au milieu, devant Jésus. ²⁰Voyant leur foi, il dit :

– Homme, tes péchés te sont pardonnés°.

²¹Les scribes° et les pharisiens se mirent à raisonner :

– Qui est celui-ci, qui profère des blasphèmes ? Qui peut pardonner° les péchés, sinon Dieu seul ?

²²Jésus, connaissant leurs raisonnements, répondit et leur dit :

– Pourquoi raisonnez-vous dans vos cœurs ?

²³Qu'est-ce qui est le plus facile, de dire : Tes péchés te sont pardonnés, ou de dire : Lève-toi et marche ?

---

a • *ou* : pur.

²⁴Or, afin que vous sachiez que le Fils de l'homme a le pouvoir sur la terre de pardonner les péchés – il dit au paralysé :

– Je te dis, lève-toi, prends ton petit lit et va dans ta maison.

²⁵Et à l'instant, il se leva devant eux, prit le lit sur lequel il était couché et alla dans sa maison, glorifiant Dieu. ²⁶Ils furent tous saisis d'étonnement et glorifiaient Dieu. Remplis de crainte, ils disaient : Nous avons vu aujourd'hui des choses extraordinaires.

Appel de Lévi (Matthieu) – Festin et jeûne

²⁷Après cela, Jésus sortit et vit un publicain° nommé Lévi, assis au bureau des impôts ; il lui dit :

– Suis-moi.

²⁸Quittant tout, il se leva et se mit à le suivre. ²⁹Lévi lui fit un grand festin dans sa maison ; et il y avait une grande foule de publicains° et d'autres gens qui étaient avec eux à table. ³⁰Les pharisiens° et leurs scribes° murmuraient contre ses disciples :

– Pourquoi mangez-vous et buvez-vous avec les publicains et les pécheurs° ? ³¹Jésus leur répondit :

– Ce ne sont pas les gens en bonne santé qui ont besoin de médecin, mais ceux qui se portent mal. ³²Je ne suis pas venu appeler des justes, mais des pécheurs à la repentance°. ³³Ils lui dirent :

– Pourquoi les disciples de Jean jeûnent-ils souvent et font-ils des prières, comme aussi les disciples des pharisiens, tandis que les tiens mangent et boivent ? ³⁴Mais il leur dit :

– Pouvez-vous faire jeûner les compagnons de l'époux pendant que l'époux est avec eux ? ³⁵Des jours viendront, où l'époux leur aura été enlevé ; alors ils jeûneront, en ces jours-là.

Parabole de l'habit neuf et de l'outre neuve

³⁶Il leur dit aussi une parabole° :

– Personne ne met une pièce d'un habit neuf à un vieil habit ; autrement, on aura déchiré le neuf, et la pièce tirée du neuf ne sera pas assortie au vieux. ³⁷Personne ne met non plus du vin nouveau dans de vieilles outres ; sinon, le vin nouveau fera éclater les outres, il se répandra et les outres seront perdues ; ³⁸mais le vin nouveau doit être mis dans des outres neuves, et les deux se conservent. ³⁹Et personne, après avoir bu du vieux, ne veut aussitôt du nouveau ; car il dit : Le vieux est meilleur.

Jésus est Seigneur du sabbat

6 Or il arriva, au sabbat° second-premier , qu'il traversait des moissons ; et ses disciples arrachaient des épis, puis les mangeaient, les froissant entre leurs mains. ²Quelques-uns des pharisiens° dirent :

— Pourquoi faites-vous ce qui n'est pas permis le jour du sabbat ? ³Jésus leur répondit :

— N'avez-vous pas même lu ce que fit David quand il eut faim, lui et ses compagnons ; ⁴comment il entra dans la maison° de Dieu, prit les pains de présentation, en mangea et en donna aussi à ses compagnons, bien qu'il ne soit pas permis d'en manger, sinon aux sacrificateurs° seuls ? ⁵Puis il leur dit :

— Le Fils de l'homme est seigneur aussi du sabbat.

⁶Il arriva encore, un autre sabbat, qu'il entra dans la synagogue°, et il enseignait. Or il y avait là un homme dont la main droite était paralysée. ⁷Les scribes° et les pharisiens° observaient s'il guérirait, le jour du sabbat, pour trouver de quoi l'accuser. ⁸Mais lui connaissait leurs raisonnements, et il dit à l'homme qui avait la main paralysée :

— Lève-toi et tiens-toi debout devant tous. Il se leva et se tint debout. ⁹Jésus leur dit :

— Je vous demande s'il est permis, le jour du sabbat, de faire du bien ou de faire du mal, de sauver la vie ou de la laisser perdre. ¹⁰Après les avoir tous regardés à la ronde, il dit à l'homme :

— Étends ta main.

Il fit ainsi ; et sa main fut rétablie. ¹¹Mais eux en furent hors d'eux-mêmes, et ils s'entretenaient ensemble de ce qu'ils pourraient faire à Jésus.

Jésus choisit douze disciples – Guérisons

¹²Or il arriva, en ces jours-là, qu'il alla sur la montagne pour prier. Et il passa toute la nuit à prier Dieu. ¹³Quand il fit jour, il appela à lui ses disciples. Il en choisit douze, qu'il nomma aussi apôtres° : ¹⁴Simon, qu'il nomma aussi Pierre, et André son frère, Jacques et Jean, Philippe et Barthélémy, ¹⁵Matthieu et Thomas, Jacques le fils d'Alphée, et Simon appelé Zélote°, ¹⁶Jude° frère de Jacques, et Judas Iscariote, qui aussi devint traître. ¹⁷Puis, après être descendu avec eux, il s'arrêta dans un endroit plat, avec une grande foule de ses disciples, et une grande multitude du peuple de toute la Judée°, de Jérusalem et de la contrée maritime de Tyr et de Sidon, ¹⁸qui étaient venus pour l'entendre et pour être guéris de leurs maladies ; ceux qui étaient tourmentés par des esprits impurs° furent guéris ; ¹⁹toute la foule cherchait à le toucher, parce que de la puissance sortait de lui et les guérissait tous.

Vous êtes bienheureux...

²⁰Alors lui, levant les yeux vers ses disciples, dit :

– Bienheureux, vous pauvres, car à vous est le royaume de Dieu ; ²¹bienheureux, vous qui maintenant avez faim, car vous serez rassasiés ; bienheureux, vous qui pleurez maintenant, car vous rirez.

²²Vous êtes bienheureux quand les hommes vous haïront et vous excluront de leur société, quand ils vous insulteront et rejetteront votre nom comme mauvais, à cause du Fils de l'homme°.

²³Réjouissez-vous en ce jour-là et tressaillez de joie, car voici, votre récompense est grande dans le ciel ; en effet, leurs pères faisaient de même aux prophètes.

Malheur à vous, qui...

²⁴Mais malheur à vous, riches, car vous avez déjà votre consolation ; ²⁵malheur à vous qui êtes rassasiés, car vous aurez faim ; malheur à vous qui riez maintenant, car vous mènerez deuil et vous pleurerez.

²⁶Malheur à vous quand tous les hommes diront du bien de vous, car leurs pères faisaient de même aux faux prophètes.

Aimez vos ennemis
²⁷Mais je vous dis, à vous qui écoutez : Aimez vos ennemis ; faites du bien à ceux qui vous haïssent ; ²⁸bénissez ceux qui vous maudissent ; priez pour ceux qui vous injurient. ²⁹À celui qui te frappe sur la joue, présente aussi l'autre ; et celui qui te prend ton manteau, ne l'empêche pas de prendre aussi ta tunique. ³⁰Donne à tout homme qui te demande et, à celui qui te prend ce qui t'appartient, ne le réclame pas. ³¹Comme vous voulez que les hommes vous fassent, vous aussi faites-leur de même.

³²Si vous aimez ceux qui vous aiment, quel gré vous en sait-on ? Car même les pécheurs° aiment ceux qui les aiment. ³³Et si vous faites du bien à ceux qui vous font du bien, quel gré vous en sait-on ? Car même les pécheurs en font autant. ³⁴Et si vous prêtez à ceux de qui vous espérez recevoir, quel gré vous en sait-on ? Car même les pécheurs prêtent aux pécheurs, afin de recevoir la pareille.

³⁵Mais aimez vos ennemis, et faites du bien, prêtez sans rien espérer en retour ; votre récompense sera grande, et vous serez les fils du Très-Haut, car il est bon, lui, envers les ingrats et les méchants. ³⁶Soyez miséricordieux, comme aussi votre Père est miséricordieux ; ³⁷ne jugez pas, et vous ne serez pas jugés ; ne condamnez pas, et vous ne serez pas condamnés ; acquittez, et vous serez acquittés ; ³⁸donnez, et il vous sera donné : on vous donnera dans le sein[a] bonne mesure, pressée, secouée et débordante ; car de la même mesure dont vous mesurerez, il vous sera mesuré en retour.

Se juger soi-même
³⁹Il leur dit aussi une parabole° :

---

a • c.-à-d. : dans le pan de votre vêtement *(qui pouvait alors servir de poche à provisions).*

— Est-ce qu'un aveugle peut guider un aveugle ? Ne tomberont-ils pas tous deux dans un trou ? ⁴⁰Le disciple n'est pas au-dessus de son maître°, mais tout disciple bien formé sera comme son maître°. ⁴¹Et pourquoi regardes-tu la paille qui est dans l'œil de ton frère, et ne t'aperçois-tu pas de la poutre qui est dans ton propre œil ? ⁴²Ou comment peux-tu dire à ton frère : Frère, permets, j'ôterai la paille qui est dans ton œil, toi qui ne vois pas la poutre qui est dans ton œil ? Hypocrite, ôte d'abord la poutre de ton œil, et alors tu verras clair pour ôter la paille qui est dans l'œil de ton frère.

Reconnaître l'arbre à son fruit

⁴³Car il n'y a pas de bon arbre qui produise de mauvais fruit, ni d'arbre mauvais qui produise de bon fruit : ⁴⁴chaque arbre se connaît à son propre fruit ; car on ne récolte pas des figues sur des épines, on ne cueille pas non plus du raisin sur un buisson. ⁴⁵L'homme bon, du bon trésor de son cœur, produit ce qui est bon, et l'homme mauvais, du mauvais trésor, produit ce qui est mauvais : car de l'abondance du cœur, la bouche parle.

Bâtir sur le roc ou sur la terre

⁴⁶Pourquoi m'appelez-vous : Seigneur°, Seigneur, et ne faites-vous pas ce que je dis ? ⁴⁷Je vous montrerai à qui est semblable tout homme qui vient à moi, qui entend mes paroles et les met en pratique : ⁴⁸il est semblable à un homme qui bâtit une maison, qui a creusé et fouillé profondément, puis a posé les fondations sur le roc ; or une inondation étant survenue, le fleuve s'est jeté avec violence contre cette maison et n'a pas pu l'ébranler, parce qu'elle était fondée sur le roc. ⁴⁹Mais celui qui a entendu, et n'a pas mis en pratique, est semblable à un homme qui a bâti une maison sur la terre, sans fondations : le fleuve s'est jeté contre elle avec violence et aussitôt elle est tombée ; et la ruine de cette maison a été grande.

Jésus guérit l'esclave d'un centurion

7 Quand il eut achevé de faire entendre au peuple tous ses discours, il entra dans Capernaüm. ²Or l'esclave d'un centurion°, à qui il était très cher, était malade, sur le point de mourir. ³Comme il avait entendu parler de Jésus, le centurion envoya vers lui des anciens° des Juifs, en le priant de venir sauver son esclave. ⁴Venus à Jésus, ils le suppliaient instamment, disant :

– Il est digne que tu lui accordes cela, ⁵car il aime notre nation et nous a lui-même bâti la synagogue°.

⁶Jésus alla avec eux. Alors qu'il n'était déjà plus très loin de la maison, le centurion envoya des amis pour lui dire :

– Seigneur, ne te donne pas de peine, car je ne mérite pas que tu entres sous mon toit ; ⁷c'est pourquoi je ne me suis pas cru digne d'aller moi-même vers toi ; mais dis une parole, et mon serviteur sera guéri. ⁸Car moi aussi, je suis un homme placé sous l'autorité d'un autre, ayant des soldats sous mes ordres ; et je dis à l'un : Va, et il va ; et à un autre : Viens, et il vient ; et à mon esclave : Fais cela, et il le fait.

⁹Quand il eut entendu ces paroles, Jésus l'admira ; il se tourna vers la foule qui le suivait et dit :

– Je vous le déclare : même en Israël je n'ai pas trouvé une si grande foi.

¹⁰De retour à la maison, ceux qui avaient été envoyés trouvèrent en bonne santé l'esclave qui était malade.

Jésus ressuscite le fils d'une veuve

¹¹Il arriva ensuite que Jésus se rendit à une ville appelée Naïn ; et plusieurs de ses disciples, ainsi qu'une grande foule, faisaient route avec lui. ¹²Comme il approchait de la porte de la ville, voici, on portait dehors un mort, fils unique de sa mère, et elle était veuve ; une foule considérable de la ville était avec elle. ¹³Le Seigneur, en la voyant, fut ému de compassion envers elle et lui dit :

– Ne pleure pas.

¹⁴Il s'approcha et toucha la civière ; ceux qui la portaient s'arrêtèrent ; il dit alors :

– Jeune homme, je te dis, lève-toi !
¹⁵ Le mort se souleva et s'assit, puis il commença à parler ; et Jésus le donna à sa mère. ¹⁶ Ils furent tous saisis de crainte, et ils glorifiaient Dieu, disant :
– Un grand prophète a été suscité parmi nous, et : Dieu a visité son peuple.
¹⁷ Cette parole se répandit à son sujet dans toute la Judée° et dans toute la région.

Jésus répond aux disciples de Jean-Baptiste
¹⁸ Les disciples de Jean vinrent l'informer de tout cela. Ayant appelé deux de ses disciples, ¹⁹ Jean les envoya vers Jésus pour lui dire :
– Es-tu celui qui vient, ou devons-nous en attendre un autre ?
²⁰ Quand ils furent venus à lui, ces hommes dirent :
– Jean le Baptiseur nous a envoyés vers toi pour te dire : Es-tu celui qui vient, ou devons-nous en attendre un autre ? ²¹ (À cette heure-là, Jésus guérit beaucoup de personnes de maladies, de douleurs et d'esprits malins°, et il donna la vue à beaucoup d'aveugles.) ²² Il répondit alors aux messagers :
– Allez rapporter à Jean ce que vous avez vu et entendu : les aveugles voient, les boiteux marchent, les lépreux sont rendus nets[a], les sourds entendent, les morts ressuscitent, l'évangile° est annoncé aux pauvres. ²³ Et bienheureux quiconque ne sera pas scandalisé° à mon sujet.

Jésus porte un jugement sur sa génération
²⁴ Après le départ des messagers de Jean, Jésus se mit à dire de Jean aux foules :
– Qu'êtes-vous allés observer au désert ? Un roseau agité par le vent ? ²⁵ Mais qu'êtes-vous allés voir ? Un homme habillé de vêtements précieux ? Voici, ceux qui sont vêtus magnifiquement et qui vivent dans les délices sont dans les palais des rois. ²⁶ Mais qu'êtes-vous allés voir ? Un prophète ? Oui, vous dis-je, et plus qu'un prophète. ²⁷ C'est celui dont il est écrit : « Voici, j'envoie devant ta face

---

a • *ou :* purs.

mon messager, qui préparera ton chemin devant toi ». ²⁸Car je vous le dis : Parmi ceux qui sont nés de femme, aucun n'est plus grand que Jean ; mais le plus petit dans le royaume de Dieu est plus grand que lui. ²⁹(Tout le peuple qui a écouté, et aussi les publicains°, ont justifié Dieu, ayant été baptisés du baptême de Jean ; ³⁰mais les pharisiens° et les docteurs° de la Loi ont rejeté, à leur propre détriment, le dessein de Dieu, n'ayant pas été baptisés par Jean.) ³¹À qui donc comparerai-je les hommes de cette génération, et à qui ressemblent-ils ? ³²Ils ressemblent à de petits enfants assis sur la place du marché, qui crient les uns aux autres : Nous vous avons joué de la flûte et vous n'avez pas dansé ; nous vous avons chanté des complaintes et vous n'avez pas pleuré. ³³Car Jean le Baptiseur est venu, ne mangeant pas de pain et ne buvant pas de vin, et vous dites : Il a un démon°. ³⁴Le Fils de l'homme est venu, mangeant et buvant, et vous dites : Voici un mangeur et un buveur, un ami des publicains° et des pécheurs°. ³⁵Et la sagesse a été justifiée par tous ses enfants.

Une pécheresse repentante verse du parfum sur les pieds de Jésus

³⁶Un des pharisiens demanda à Jésus de manger avec lui. Il entra dans la maison du pharisien, et se mit à table ; ³⁷et voici, une femme de la ville, qui était une pécheresse°, sachant qu'il était à table dans la maison du pharisien, apporta un vase d'albâtre plein de parfum. ³⁸Elle se tint derrière à ses pieds, en pleurant, et se mit à lui arroser les pieds de ses larmes ; elle les essuyait avec ses cheveux, lui couvrait les pieds de baisers, et répandait sur eux le parfum. ³⁹Le pharisien qui l'avait invité, en voyant cela, se dit en lui-même : Celui-ci, s'il était prophète, saurait qui est cette femme qui le touche et ce qu'elle est : une pécheresse. ⁴⁰Mais Jésus, répondant, lui dit :

– Simon, j'ai quelque chose à te dire. Il dit :
– Maître°, dis-le.

Parabole des deux débiteurs
– ⁴¹Un créancier avait deux débiteurs : l'un lui devait cinq cents deniers° et l'autre cinquante ; ⁴²comme ceux-ci ne pouvaient pas payer, il remit la dette à l'un et à l'autre. Quel est donc celui des deux qui l'aimera le plus ? ⁴³Simon répondit :
– J'estime que c'est celui à qui il a été remis davantage. Jésus lui dit :
– Tu as bien jugé.
⁴⁴Se tournant vers la femme, il dit à Simon :
– Vois-tu cette femme ? Je suis entré dans ta maison ; tu ne m'as pas donné d'eau pour mes pieds, mais elle a arrosé mes pieds de ses larmes et les a essuyés avec ses cheveux. ⁴⁵Tu ne m'as pas donné de baiser ; mais elle, depuis que je suis entré, n'a pas cessé de couvrir mes pieds de baisers. ⁴⁶Tu n'as pas oint ma tête d'huile, mais elle a oint mes pieds avec un parfum. ⁴⁷C'est pourquoi je te dis : Ses nombreux péchés sont pardonnés° – car elle a beaucoup aimé ; mais celui à qui il est peu pardonné aime peu. ⁴⁸Puis il dit à la femme :
– Tes péchés sont pardonnés°.
⁴⁹Alors ceux qui étaient à table avec lui se mirent à dire en eux-mêmes :
– Qui est celui-ci qui même pardonne les péchés ?
⁵⁰Mais Jésus dit à la femme :
– Ta foi t'a sauvée, va en paix.

**Jésus prêche, accompagné des disciples
et de femmes qui le servent**
8 Et il arriva, par la suite, qu'il traversait villes et villages, prêchant et annonçant le royaume de Dieu ; les douze étaient avec lui, ²et aussi quelques femmes qui avaient été guéries d'esprits malins° et d'infirmités : Marie, qu'on appelait Magdeleine, dont étaient sortis sept démons, ³Jeanne, femme de Chuzas, intendant d'Hérode□, Suzanne, et plusieurs autres qui l'assistaient de leurs biens.

Le semeur sortit pour semer sa semence. (chap. 8. 5)

Parabole du semeur

⁴Comme une grande foule s'assemblait et qu'on venait à lui de toutes les villes, il dit en parabole° :

– ⁵Le semeur sortit pour semer sa semence. Comme il semait, quelques grains tombèrent le long du chemin, furent piétinés, et les oiseaux du ciel mangèrent tout. ⁶D'autres tombèrent sur le roc ; après avoir levé, ils séchèrent, parce qu'ils n'avaient pas d'humidité. ⁷D'autres tombèrent au milieu des épines ; et les épines, qui avaient levé avec eux, les

étouffèrent. ⁸D'autres tombèrent dans la bonne terre ; ils levèrent et produisirent du fruit au centuple.
En disant cela, il criait :
– Qui a des oreilles pour entendre, qu'il entende.
⁹Ses disciples lui demandèrent ce que pouvait signifier cette parabole. ¹⁰Alors il dit :
– À vous il est donné de connaître les mystères°du royaume de Dieu ; mais il en est parlé aux autres en paraboles, de sorte que, voyant, ils ne voient pas, et qu'entendant, ils ne comprennent pas.
¹¹Or voici le sens de la parabole : La semence, c'est la parole de Dieu. ¹²Ceux qui sont le long du chemin sont ceux qui entendent ; ensuite vient le diable, qui ôte de leur cœur la Parole, de peur qu'ils ne croient et soient sauvés. ¹³Ceux qui sont sur le roc sont ceux qui, lorsqu'ils entendent la Parole, la reçoivent avec joie ; ceux-ci n'ont pas de racine : ils ne croient que pour un temps et, au moment de l'épreuve, ils se retirent. ¹⁴Ce qui est tombé au milieu des épines, ce sont ceux qui, après avoir entendu, poursuivent leur chemin sous l'emprise des soucis, des richesses et des voluptés de la vie : ils sont étouffés et ne portent pas de fruit à maturité. ¹⁵Ce qui est dans la bonne terre, ce sont tous ceux qui, après avoir entendu la Parole, la retiennent dans un cœur honnête et bon, et portent du fruit avec patience.

Parabole de la lampe

¹⁶Or personne, après avoir allumé une lampe, ne la couvre d'un vase, ni ne la met sous un lit ; mais on la place sur un pied de lampe, afin que ceux qui entrent voient la lumière. ¹⁷Car il n'y a rien de secret qui ne deviendra manifeste, ni rien de caché qui ne doive se connaître et venir en évidence. ¹⁸Prenez donc garde à la manière dont vous entendez ; car à quiconque a, il sera donné, et à quiconque n'a pas, cela même qu'il paraît[a] avoir lui sera ôté.

---

a • *ou* : croit.

Jésus et sa famille

¹⁹La mère et les frères de Jésus vinrent auprès de lui ; et ils ne pouvaient pas l'aborder, à cause de la foule. ²⁰On lui annonça :

– Ta mère et tes frères sont là, dehors : ils désirent te voir. ²¹Mais il leur répondit :

– Ma mère et mes frères sont ceux qui écoutent la parole de Dieu et qui la mettent en pratique.

Jésus calme la tempête

²²Il arriva, l'un de ces jours-là, qu'il monta dans une barque, ainsi que ses disciples. Il leur dit :

– Passons à l'autre rive du lac.

Et ils prirent le large. ²³Comme ils voguaient, Jésus s'endormit ; et un vent impétueux fondit sur le lac ; la barque se remplissait, et ils étaient en péril. ²⁴Ils s'approchèrent et le réveillèrent, en disant :

– Maître▽, maître, nous périssons !

Lui, s'étant levé, reprit le vent et les flots agités : ils s'apaisèrent et le calme se fit. ²⁵Il leur dit :

– Où est votre foi ?

Mais eux, saisis de crainte, furent dans l'étonnement et dirent entre eux :

– Qui donc est celui-ci, car il commande même aux vents et à l'eau, et ils lui obéissent ?

Jésus guérit un démoniaque

²⁶Ils abordèrent dans le pays des Géraséniens, qui est en face de la Galilée°. ²⁷Quand Jésus fut descendu à terre, un homme de la ville, qui avait des démons°, vint à sa rencontre. Depuis longtemps, il ne portait pas de vêtements et ne demeurait pas dans une maison, mais dans les tombeaux. ²⁸Il aperçut Jésus, poussa un cri, se jeta devant lui, et dit d'une voix forte :

– Qu'ai-je à faire avec toi, Jésus, Fils du Dieu Très-haut ? Je t'en supplie, ne me tourmente pas.

²⁹Car Jésus avait commandé à l'esprit impur° de sortir de l'homme. Bien des fois, en effet, l'esprit s'était saisi de lui ; et on l'avait lié, pour le garder,

dans les chaînes et avec les fers aux pieds ; mais, brisant ses liens, il était emporté par le démon dans les déserts. ³⁰ Jésus lui demanda :
– Quel est ton nom ? Il dit :
– Légion⁰ ; car beaucoup de démons étaient entrés en lui.
³¹ Et ils priaient Jésus de ne pas leur commander de s'en aller dans l'abîme. ³² Or il y avait là un grand troupeau de porcs qui paissaient sur la montagne ; ils le prièrent de leur permettre d'entrer en eux ; et il le leur permit. ³³ Les démons, sortant de l'homme, entrèrent dans les porcs, et le troupeau se rua du haut de la côte dans le lac, où il se noya.
³⁴ Ceux qui le faisaient paître, voyant ce qui était arrivé, s'enfuirent et le racontèrent dans la ville et dans les campagnes. ³⁵ Les gens sortirent pour voir ce qui s'était passé ; ils vinrent vers Jésus et trouvèrent assis, vêtu et dans son bon sens, aux pieds de Jésus, l'homme de qui les démons étaient sortis ; alors ils eurent peur. ³⁶ Ceux qui avaient vu cela leur racontèrent comment le démoniaque° avait été délivré. ³⁷ Et toute la population de la contrée des Géraséniens pria Jésus de s'en aller de chez eux, parce qu'ils étaient saisis d'une grande peur ; et lui, étant monté dans la barque, s'en retourna. ³⁸ L'homme de qui les démons étaient sortis le suppliait de lui permettre d'être avec lui ; mais il le renvoya, en disant :
– ³⁹ Retourne dans ta maison et raconte tout ce que Dieu a fait pour toi.
Il s'en alla par toute la ville, proclamant tout ce que Jésus avait fait pour lui.

Guérison d'une femme et résurrection de la fille de Jaïrus
⁴⁰ Quand Jésus fut de retour, la foule l'accueillit, car tous l'attendaient. ⁴¹ Et voici, il vint un homme du nom de Jaïrus ; il était chef de la synagogue°. Se jetant aux pieds de Jésus, il le supplia de venir dans sa maison, ⁴² parce qu'il avait une fille unique, d'environ douze ans, et elle se mourait. Comme Jésus y allait, les foules le pressaient.

⁴³Une femme qui avait une perte de sang depuis douze ans et avait dépensé tout son bien en médecins, sans avoir pu être guérie par aucun, ⁴⁴s'approcha par derrière et toucha le bord de son vêtement ; et à l'instant, sa perte de sang s'arrêta. ⁴⁵Jésus dit :
– Qui m'a touché ?

Comme tous niaient, Pierre dit, ainsi que ceux qui l'accompagnaient :
– Maître▽, les foules te serrent et te pressent, et tu dis : Qui m'a touché ? ⁴⁶Jésus dit :
– Quelqu'un m'a touché, car je sais que de la puissance est sortie de moi.

⁴⁷La femme, se voyant découverte, vint toute tremblante ; elle se jeta devant lui et déclara devant tout le peuple pour quelle raison elle l'avait touché, et comment elle avait été guérie instantanément. ⁴⁸Il lui dit :
– Bon courage, ma fille ; ta foi t'a guérie[a] ; va en paix.

⁴⁹Comme il parlait encore, quelqu'un vient de chez le chef de synagogue et lui dit :
– Ta fille est morte, n'importune pas le maître▽.

⁵⁰Mais Jésus, qui avait entendu, répondit au chef de synagogue :
– Ne crains pas, crois seulement, et elle sera sauvée.

⁵¹Quand il fut arrivé à la maison, il ne permit à personne d'entrer, sinon à Pierre, à Jean et à Jacques, au père de l'enfant et à la mère. ⁵²Tous pleuraient et se frappaient la poitrine à son sujet ; mais il leur dit :
– Ne pleurez pas, car elle n'est pas morte, mais elle dort.

⁵³Et ils se moquaient de lui, sachant qu'elle était morte. ⁵⁴Mais lui la prit par la main et cria :
– Enfant, réveille-toi.

⁵⁵Son esprit retourna en elle, et elle se leva immédiatement ; alors il commanda de lui donner à manger. ⁵⁶Ses parents étaient stupéfaits ; et il leur ordonna

---

a • *litt.* : sauvée.

expressément de ne dire à personne ce qui était arrivé.

Jésus envoie les douze disciples en mission
9 Après avoir appelé les douze auprès de lui, il leur donna puissance et autorité sur tous les démons°, et le pouvoir de guérir les maladies. ²Il les envoya prêcher le royaume de Dieu et guérir les infirmes; ³et il leur dit:
– Ne prenez rien pour le chemin, ni bâton, ni sac, ni pain, ni argent; et n'ayez pas chacun deux tuniques. ⁴Dans toute maison où vous entrerez, demeurez là, et de là, partez. ⁵Quant à ceux qui ne vous recevront pas, en sortant de cette ville-là, secouez° la poussière de vos pieds, en témoignage contre eux.
⁶Ils partirent, et ils parcouraient tous les villages, évangélisant et guérissant partout.

Hérode cherche à voir Jésus
⁷Hérode[□] le tétrarque° apprit tout ce qui se faisait; il était perplexe, parce que certains disaient que Jean était ressuscité d'entre les morts; ⁸certains, qu'Élie était apparu; et d'autres, que l'un des anciens prophètes était ressuscité. ⁹Mais Hérode dit:
– Moi, j'ai fait décapiter Jean; mais qui est celui-ci, dont j'entends dire de telles choses?
Et il cherchait à le voir.

Multiplication des pains pour 5000 hommes
¹⁰Une fois de retour, les apôtres° racontèrent à Jésus tout ce qu'ils avaient fait. Il les prit avec lui et se retira à l'écart vers une ville appelée Bethsaïda. ¹¹Les foules, qui l'avaient appris, le suivirent. Les ayant accueillies, il leur parlait du royaume de Dieu, et il guérissait ceux qui en avaient besoin. ¹²Or le jour commença à baisser; les douze s'approchèrent et lui dirent:
– Renvoie la foule, afin qu'ils aillent dans les villages et dans les campagnes des environs, qu'ils s'y logent et trouvent des vivres, car nous sommes ici dans un lieu désert.

¹³ Mais il leur dit :

– Vous, donnez-leur à manger. Ils dirent alors :

– Nous n'avons pas plus de cinq pains et de deux poissons, à moins que nous n'allions acheter de quoi manger pour tout ce peuple ; ¹⁴ car ils étaient environ cinq mille hommes. Mais il dit à ses disciples :

– Faites-les asseoir par rangs d'environ cinquante. ¹⁵ Ils firent ainsi et les invitèrent tous à s'asseoir. ¹⁶ Il prit les cinq pains et les deux poissons et, regardant vers le ciel, il les bénit° et les rompit ; et il les donnait à ses disciples pour les mettre devant la foule. ¹⁷ Ils mangèrent et furent tous rassasiés ; et on ramassa, des morceaux qui étaient de reste, douze paniers.

Pierre reconnaît que Jésus est le Christ –
Jésus annonce sa mort et sa résurrection

¹⁸ Il arriva, comme il était en prière à l'écart, que ses disciples étaient avec lui ; et il les interrogea :

– Parmi les foules, qui dit-on que je suis ? ¹⁹ Ils répondirent :

– Jean le Baptiseur ; d'autres disent : Élie ; d'autres encore, que l'un des anciens prophètes est ressuscité. ²⁰ Il leur dit :

– Et vous, qui dites-vous que je suis ? Pierre répondit :

– Le Christ° de Dieu !

²¹ Mais lui, s'adressant à eux avec force, leur commanda de ne dire cela à personne, ²² ajoutant :

– Il faut que le Fils de l'homme souffre beaucoup, qu'il soit rejeté des anciens°, des principaux sacrificateurs° et des scribes°, qu'il soit mis à mort et qu'il soit ressuscité le troisième jour.

Renoncer à soi-même

²³ Il disait aussi à tous :

– Si quelqu'un veut venir après moi, qu'il renonce à lui-même, qu'il prenne sa croix chaque jour, et me suive : ²⁴ car celui qui voudra sauver sa vie la perdra ; mais celui qui perdra sa vie à cause de moi, celui-là la sauvera. ²⁵ Que profitera-t-il, en effet, à un homme de gagner le monde entier, s'il se perd ou se détruit lui-même ? ²⁶Et celui qui aura honte de moi et de mes paroles, le Fils de l'homme aura honte de lui quand il viendra dans sa gloire et dans celle du Père et des saints anges. ²⁷Et, je vous le dis en vérité, parmi ceux qui sont ici présents, il y en a quelques-uns qui ne goûteront pas la mort avant d'avoir vu le royaume de Dieu.

Jésus est transfiguré sur la montagne
²⁸Il arriva, environ huit jours après ces paroles, qu'il prit avec lui Pierre, Jean et Jacques, et qu'il monta sur la montagne pour prier. ²⁹Comme il priait, l'apparence de son visage devint tout autre, et son vêtement d'une blancheur resplendissante comme un éclair ; ³⁰et voici, deux hommes s'entretenaient avec lui : c'étaient Moïse et Élie ³¹qui, apparaissant en gloire, parlaient de sa mort qu'il allait accomplir à Jérusalem. ³²Pierre et ceux qui étaient avec lui étaient accablés de sommeil ; quand ils furent réveillés, ils virent sa gloire et les deux hommes qui se tenaient avec lui. ³³Et il arriva, comme ceux-ci se séparaient de lui, que Pierre dit à Jésus :

– Maître▽, il est bon que nous soyons ici ; faisons trois tentes : une pour toi, une pour Moïse et une pour Élie – ne sachant pas ce qu'il disait.
³⁴Comme il disait cela, une nuée vint et les couvrit ; ils eurent peur en entrant dans la nuée. ³⁵Et de la nuée vint une voix :

– Celui-ci est mon Fils bien-aimé, écoutez-le.
³⁶Au moment où la voix se fit entendre, Jésus se trouva seul. Et eux gardèrent le silence et ne rapportèrent en ces jours-là à personne rien de ce qu'ils avaient vu.

Jésus guérit un démoniaque
³⁷Il arriva, le jour suivant, quand ils furent descendus de la montagne, qu'une grande foule vint à sa rencontre. ³⁸Et voici, du milieu de la foule un homme s'écria :

– Maître▽, je t'en supplie, jette les yeux sur mon fils, car c'est mon fils unique ; ³⁹et voici, un esprit le saisit : soudain il crie et le déchire, en le faisant écumer, et c'est à peine s'il se retire de lui après l'avoir brisé. ⁴⁰J'ai supplié tes disciples de le chasser, et ils n'ont pas pu. ⁴¹Jésus répondit :

– Ô génération incrédule et perverse, jusqu'à quand serai-je avec vous et vous supporterai-je ? Amène ici ton fils.

⁴²Comme celui-ci approchait, le démon° le renversa encore et le secoua violemment ; mais Jésus réprimanda sévèrement l'esprit impur°, guérit l'enfant et le rendit à son père.

Jésus annonce à nouveau sa mort

⁴³Et tous étaient frappés de la grandeur de Dieu.

Comme tous s'étonnaient de tout ce que Jésus faisait, il dit à ses disciples :

– ⁴⁴Vous, gardez bien ces paroles que vous avez entendues, car le Fils de l'homme va être livré aux mains des hommes.

⁴⁵Mais ils ne comprirent pas cette parole, et elle leur était cachée, de sorte qu'ils ne la saisissaient pas ; et ils craignaient de l'interroger au sujet de cette parole.

Jésus condamne l'orgueil et l'esprit sectaire

⁴⁶Une discussion s'éleva alors entre eux : Qui parmi eux serait le plus grand ? ⁴⁷Mais Jésus, discernant le raisonnement de leur cœur, prit un petit enfant, et le plaça auprès de lui ; ⁴⁸puis il leur dit :

– Celui qui reçoit ce petit enfant en mon nom me reçoit ; et celui qui me reçoit, reçoit celui qui m'a envoyé. Car celui qui est le plus petit parmi vous tous, c'est lui qui est grand.

⁴⁹Jean prit la parole et dit :

– Maître°, nous avons vu quelqu'un qui chassait des démons en ton nom, et nous le lui avons défendu, parce qu'il ne te suit pas avec nous. ⁵⁰Jésus lui dit :

– Ne le lui défendez pas, car celui qui n'est pas contre vous est pour vous.

JÉSUS MONTE À JÉRUSALEM

Jésus est mal accueilli en Samarie

⁵¹Or, comme les jours de son élévation au ciel arrivaient à leur accomplissement, lui-même dressa sa face résolument pour aller à Jérusalem ; ⁵²et il envoya devant lui des messagers. Ils allèrent et entrèrent dans un village de Samaritains° pour tout lui préparer, ⁵³mais on ne le reçut pas, parce que sa face était tournée vers Jérusalem. ⁵⁴Voyant cela, ses disciples Jacques et Jean dirent :

– Seigneur, veux-tu que nous disions que le feu descende du ciel et les consume, comme le fit Élie ?

⁵⁵Mais se tournant, il les réprimanda sévèrement et dit :

– Vous ne savez pas de quel esprit vous êtes animés !

⁵⁶Puis ils allèrent à un autre village.

Suivre Jésus

⁵⁷Comme ils étaient en chemin, quelqu'un lui dit :

– Je te suivrai où que tu ailles. ⁵⁸Jésus lui dit :

– Les renards ont des tanières, et les oiseaux du ciel ont des nids ; mais le Fils de l'homme n'a pas de lieu où reposer sa tête.

⁵⁹Il dit à un autre :

– Suis-moi. Mais celui-ci dit :

– Seigneur, permets-moi d'aller d'abord ensevelir mon père. ⁶⁰Jésus lui dit :

– Laisse les morts ensevelir leurs morts ; mais toi, va annoncer le royaume de Dieu.

⁶¹Un autre encore dit :

– Je te suivrai, Seigneur ; mais permets-moi de prendre d'abord congé de ceux qui sont dans ma maison. ⁶²Jésus lui dit :

– Nul homme, qui après avoir mis la main à la charrue regarde en arrière, n'est propre pour le royaume de Dieu.

Mission des 70 disciples

10 Après cela, le Seigneur en désigna aussi soixante-dix autres, et les envoya deux par deux devant lui dans toute ville et dans tout lieu où il devait lui-même aller. ²Il leur disait :

– La moisson est grande, mais il y a peu d'ouvriers ; suppliez donc le Seigneur de la moisson, afin qu'il pousse des ouvriers dans sa moisson. ³Allez ; voici, je vous envoie comme des agneaux au milieu des loups. ⁴Ne portez ni bourse, ni sac, ni sandales ; et ne saluez personne en chemin.

⁵Mais, dans toute maison où vous entrerez, dites d'abord : Paix à cette maison ! ⁶Et s'il y a là un fils de paix, votre paix reposera sur elle, sinon elle retournera sur vous. ⁷Et demeurez dans la même maison, mangeant et buvant ce qu'on vous donnera ; car l'ouvrier est digne de son salaire. Ne passez pas de maison en maison. ⁸Et dans toute ville où vous entrerez et où l'on vous recevra, mangez ce qu'on vous offrira, ⁹guérissez les infirmes qui y seront, et dites-leur : Le royaume de Dieu s'est approché de vous.

¹⁰Mais dans toute ville où vous entrerez et où l'on ne vous recevra pas, sortez dans ses rues et dites : ¹¹La poussière même de votre ville, qui s'est attachée à nos pieds, nous la secouons° contre vous ; sachez pourtant ceci : le royaume de Dieu s'est approché. ¹²Je vous dis que le sort de Sodome sera plus supportable en ce jour-là que celui de cette ville.

¹³Malheur à toi, Chorazin ! malheur à toi, Bethsaïda ! Car si les miracles qui ont été faits au milieu de vous avaient été faits dans Tyr et dans Sidon, il y a longtemps qu'elles se seraient repenties°, en s'asseyant sous le sac et la cendre ; ¹⁴mais le sort de Tyr et de Sidon, au jugement, sera plus supportable que le vôtre. ¹⁵Et toi, Capernaüm, qui as été élevée jusqu'au ciel, tu seras abaissée jusque dans l'hadès°.

¹⁶Celui qui vous écoute m'écoute, et celui qui vous rejette me rejette ; mais celui qui me rejette, rejette celui qui m'a envoyé.

Retour des 70 disciples

¹⁷Les soixante-dix revinrent avec joie en disant :

– Seigneur, même les démons° nous sont assujettis en ton nom. ¹⁸Il leur dit :

– Je voyais Satan tomber du ciel comme un éclair. ¹⁹Voici, je vous donne l'autorité de marcher sur les serpents et les scorpions, et sur toute la puissance de l'ennemi ; et rien ne pourra vous nuire. ²⁰Toutefois, ne vous réjouissez pas de ce que les esprits vous sont assujettis, mais réjouissez-vous de ce que vos noms sont inscrits dans les cieux.

Communion parfaite du Fils et du Père

²¹À cette même heure, Jésus se réjouit en esprit et dit :

– Je te loue, ô Père, Seigneur du ciel et de la terre, parce que tu as caché ces choses aux sages et aux intelligents, et que tu les as révélées aux petits enfants. Oui, Père, car c'est ce que tu as trouvé bon devant toi. ²²Toutes choses m'ont été livrées par mon Père ; et personne ne connaît qui est le Fils, si ce n'est le Père ; ni qui est le Père, si ce n'est le Fils et celui à qui le Fils voudra le révéler.

²³Puis se tournant vers les disciples, il leur dit en privé :

– Bienheureux sont les yeux qui regardent ce que vous regardez ! ²⁴Car je vous dis que beaucoup de prophètes et de rois ont désiré voir ce que vous regardez, et ils ne l'ont pas vu, et entendre ce que vous entendez, et ils ne l'ont pas entendu.

Parabole du bon Samaritain

²⁵Et voici qu'un docteur° de la Loi se leva pour le mettre à l'épreuve et lui dit :

– Maître ᵠ, que faut-il que j'aie fait pour hériter de la vie éternelle ? ²⁶Jésus lui dit :

– Qu'est-il écrit dans la Loi ? Comment lis-tu ? ²⁷Il répondit :

– « Tu aimeras le Seigneur* ton Dieu de tout ton cœur et de toute ton âme, de toute ta force et de toute ta pensée », et « ton prochain° comme toi-même ». ²⁸Jésus lui dit :

— Tu as bien répondu ; fais cela et tu vivras.
²⁹ Mais lui, voulant se justifier, dit à Jésus :
— Et qui est mon prochain ?
³⁰ Jésus reprit et dit :
— Un homme descendait de Jérusalem à Jéricho ; et il tomba aux mains de brigands qui, après l'avoir dépouillé et accablé de coups, s'en allèrent, le laissant à demi mort. ³¹ Or, fortuitement, un sacrificateur° descendait par ce chemin-là et, le voyant, passa de l'autre côté. ³² De même aussi un lévite°, arrivé en cet endroit, vint et, le voyant, passa de l'autre côté. ³³ Mais un Samaritain°, allant son chemin, vint à lui et, le voyant, fut ému de compassion : ³⁴ il s'approcha et banda ses plaies, y versant de l'huile et du vin ; puis il le mit sur sa propre bête, le mena à l'hôtellerie et prit soin de lui. ³⁵ Le lendemain, en s'en allant, il tira deux deniers°, les donna à l'hôtelier et dit : Prends soin de lui ; et ce que tu dépenseras de plus, moi, à mon retour, je te le rendrai. ³⁶ Lequel de ces trois te semble avoir été le prochain de celui qui était tombé entre les mains des brigands ? ³⁷ Il dit :
— C'est celui qui a usé de miséricorde envers lui.
Jésus lui dit :
— Va, et toi fais de même.

Jésus chez Marthe et Marie

³⁸ Il arriva, comme ils étaient en chemin, qu'il entra dans un village ; et une femme nommée Marthe le reçut dans sa maison. ³⁹ Elle avait une sœur appelée Marie qui, s'étant assise aux pieds de Jésus, écoutait sa parole ; ⁴⁰ mais Marthe était distraite par beaucoup de service. Elle vint près de Jésus et lui dit :
— Seigneur, ne te soucies-tu pas que ma sœur m'ait laissée toute seule à servir ? Dis-lui donc de m'aider.
⁴¹ Mais Jésus lui répondit :
— Marthe, Marthe, tu t'inquiètes et tu te tourmentes de beaucoup de choses ; ⁴² mais il n'est besoin que d'une seule, et Marie a choisi la bonne part, qui ne lui sera pas ôtée.

Enseignements sur la prière

11 Et comme Jésus était en prière en un certain lieu, après qu'il eut terminé, il arriva qu'un de ses disciples lui dit :

— Seigneur, enseigne-nous à prier, comme Jean aussi l'a enseigné à ses disciples. ²Il leur dit :

— Quand vous priez, dites : Père, que ton nom soit sanctifié ; que ton règne vienne ; ³donne-nous chaque jour le pain qu'il nous faut ; ⁴et remets-nous nos péchés, car nous-mêmes aussi nous remettons à quiconque nous doit ; et ne nous expose pas à la tentation.

⁵Il leur dit encore :

— Qui parmi vous, s'il a un ami, ira le trouver au milieu de la nuit pour lui dire : Ami, prête-moi trois pains, ⁶car mon ami est arrivé de voyage chez moi, et je n'ai rien à lui offrir.

⁷L'autre lui répondra-t-il, de l'intérieur : Ne me dérange pas ; la porte est déjà fermée et mes enfants et moi, nous sommes au lit ; je ne peux pas me lever pour te donner du pain. ⁸Je vous le dis : même s'il ne se lève pas pour lui donner en qualité d'ami, pourtant, à cause de son importunité[a], il se lèvera et lui donnera tout ce dont il a besoin.

⁹Et moi, je vous dis :

— Demandez, et il vous sera donné ; cherchez, et vous trouverez ; frappez, et il vous sera ouvert. ¹⁰Car quiconque demande reçoit ; et celui qui cherche trouve ; et à qui frappe il sera ouvert. ¹¹Et quel père parmi vous, à qui son fils demandera un pain, lui donnera une pierre ? ou encore, s'il demande un poisson, lui donnera, au lieu d'un poisson, un serpent ? ¹²ou encore, s'il demande un œuf, lui donnera un scorpion ? ¹³Si donc vous, qui êtes méchants, vous savez donner des choses bonnes à vos enfants, combien plus le Père qui est du ciel donnera-t-il l'Esprit Saint à ceux qui le lui demandent !

---

[a] • *ce qui irrite ou fatigue.*

Et quel père parmi vous, à qui son fils demandera un pain, lui donnera une pierre ?
(chap. 11. 11)

Qui peut chasser Satan ?

¹⁴Comme il chassait un démon° qui était muet, il arriva, quand le démon fut sorti, que le muet parla ; et les foules s'en étonnèrent. ¹⁵Mais certains d'entre eux dirent :

— C'est par Béelzébul°, le chef des démons, qu'il chasse les démons.

¹⁶ D'autres, pour le mettre à l'épreuve, lui demandaient un signe venant du ciel. ¹⁷ Mais lui, connaissant leurs pensées, leur dit :

– Tout royaume divisé contre lui-même est réduit en désert, et une maison divisée contre elle-même tombe. ¹⁸ Si Satan aussi est divisé contre lui-même, comment son royaume subsistera-t-il ?... puisque vous dites que je chasse les démons par Béelzébul. ¹⁹ Or si c'est par Béelzébul que moi je chasse les démons, vos fils, par qui les chassent-ils ? C'est pourquoi ils seront eux-mêmes vos juges. ²⁰ Mais si c'est par le doigt de Dieu que je chasse les démons, alors le royaume de Dieu est parvenu jusqu'à vous. ²¹ Quand l'homme fort, équipé de ses armes, garde son palais, ses biens sont en sûreté ; ²² mais s'il en survient un plus fort que lui qui le vainque, il lui ôte l'armure dans laquelle il se confiait, et fait le partage de ses dépouilles.

²³ Celui qui n'est pas avec moi est contre moi ; et celui qui n'assemble pas avec moi disperse. ²⁴ Quand l'esprit impur° est sorti de l'homme, il va par des lieux secs, cherchant du repos ; et n'en trouvant pas, il dit : Je retournerai dans ma maison d'où je suis sorti. ²⁵ Y étant venu, il la trouve balayée et ornée. ²⁶ Alors il va prendre sept autres esprits plus méchants que lui-même ; une fois entrés, ils habitent là ; et la dernière condition de cet homme est pire que la première.

²⁷ Et il arriva, comme il disait cela, qu'une femme éleva la voix du milieu de la foule et lui dit :

– Bienheureux le ventre qui t'a porté et les seins qui t'ont allaité ! ²⁸ Mais il dit :

– Bienheureux plutôt ceux qui écoutent la parole de Dieu et qui la gardent !

Le signe de Jonas

²⁹ Comme les foules s'amassaient, il se mit à dire :

– Cette génération est une génération méchante ; elle demande un signe ; et il ne lui sera pas donné de signe, si ce n'est le signe de Jonas. ³⁰ Car comme Jonas fut un signe pour les Ninivites, ainsi sera le Fils de l'homme° pour cette génération. ³¹ Une reine du midi se lèvera, lors du jugement, avec les hommes de cette génération, et les condamnera ; car elle vint des bouts de la terre pour entendre la sagesse de Salomon, et voici, il y a ici plus que Salomon. ³²Des hommes de Ninive se lèveront, lors du jugement, avec cette génération, et la condamneront ; car ils se sont repentis° à la prédication de Jonas et voici, il y a ici plus que Jonas.

La lampe du corps, c'est ton œil
³³Personne, après avoir allumé une lampe, ne la met dans un lieu caché, ni sous le boisseau°, mais sur un pied de lampe, afin que ceux qui entrent voient la lumière. ³⁴La lampe du corps, c'est ton œil ; lorsque ton œil est en bon état, ton corps tout entier est lui aussi plein de lumière ; mais quand il est en mauvais état[a], ton corps aussi est ténébreux. ³⁵Prends donc garde que la lumière qui est en toi ne soit ténèbres. ³⁶Si donc ton corps tout entier est plein de lumière, n'ayant aucune partie ténébreuse, il sera tout plein de lumière, comme lorsque la lampe t'illumine de son éclat.

Malheur aux pharisiens et aux docteurs de la Loi
³⁷Alors qu'il parlait, un pharisien° l'invite à manger chez lui. Une fois entré, il se mit à table ; ³⁸mais le pharisien, voyant cela, s'étonna qu'il ne se soit pas d'abord lavé, avant le repas. ³⁹Le Seigneur lui dit :

– Ainsi, vous les pharisiens, vous nettoyez le dehors de la coupe et du plat, mais au-dedans vous êtes pleins de rapine et de méchanceté. ⁴⁰Insensés ! Celui qui a fait le dehors, n'a-t-il pas aussi fait le dedans ? ⁴¹Donnez plutôt comme aumône ce que vous avez, et voici, tout vous sera pur.

⁴²Mais malheur à vous, pharisiens ! Car vous payez la dîme° de la menthe, de la rue[b] et de toute sorte d'herbes, et vous négligez le juste jugement[c] et l'amour de Dieu : il fallait faire ces choses-ci et ne pas laisser celles-là.

---

a • *ou :* méchant. — b • *plante médicinale.* — c • la juste appréciation.

⁴³Malheur à vous, pharisiens ! Car vous aimez les premiers sièges dans les synagogues° et les salutations dans les places publiques.
⁴⁴Malheur à vous ! Car vous êtes comme les tombeaux que rien ne signale ; et les hommes marchent dessus sans le savoir.

⁴⁵Prenant la parole, l'un des docteurs° de la Loi lui dit :

– Maître^q, en disant cela, c'est nous aussi que tu insultes. ⁴⁶Il répondit :

– À vous aussi, malheur, docteurs de la Loi ! Car vous chargez les hommes de fardeaux difficiles à porter, et vous-mêmes vous ne touchez pas ces fardeaux d'un seul de vos doigts.

⁴⁷Malheur à vous ! Car vous bâtissez les tombeaux des prophètes – et vos pères° les ont tués ! ⁴⁸Vous rendez donc témoignage aux œuvres de vos pères et vous y prenez plaisir ; car eux les ont tués, et vous, vous bâtissez leurs tombeaux. ⁴⁹C'est pourquoi aussi la sagesse de Dieu a dit : Je leur enverrai des prophètes et des apôtres : ils en tueront et en persécuteront, ⁵⁰afin qu'il soit demandé compte à cette génération du sang de tous les prophètes qui a été versé depuis la fondation du monde, ⁵¹depuis le sang d'Abel jusqu'au sang de Zacharie, qui périt entre l'autel et la Maison[a] : oui, vous dis-je, il en sera demandé compte à cette génération.

⁵²Malheur à vous, docteurs de la Loi ! Car vous avez enlevé la clé de la connaissance : vous n'êtes pas entrés vous-mêmes, et ceux qui voulaient entrer, vous les en avez empêchés.

⁵³Comme il leur disait cela, les scribes° et les pharisiens° se mirent à le harceler violemment ; et ils le provoquaient à parler sur beaucoup de sujets, ⁵⁴lui tendant des pièges pour surprendre quelque parole de sa bouche, afin de l'accuser.

---

a • désigne le Temple.

La part des disciples : la persécution

12 À ce moment-là, comme les gens s'étaient assemblés en foule par milliers au point de se piétiner les uns les autres, Jésus se mit d'abord à dire à ses disciples :

— Gardez-vous du levain des pharisiens°, qui est l'hypocrisie. ²Mais il n'y a rien de couvert qui ne sera révélé, ni rien de secret qui ne sera connu. ³C'est pourquoi tout ce que vous avez dit dans les ténèbres sera entendu dans la lumière, et ce dont vous avez parlé à l'oreille dans les chambres sera proclamé sur les toits.
⁴Mais je vous le dis à vous, mes amis : Ne craignez pas ceux qui tuent le corps° et qui, après cela, ne peuvent rien faire de plus ; ⁵mais je vous montrerai qui vous devez craindre : craignez celui qui, après avoir tué, a le pouvoir de jeter dans la géhenne° ; oui, vous dis-je, craignez celui-là. ⁶Ne vend-on pas cinq moineaux pour deux sous° ? Et pas un seul d'entre eux n'est oublié devant Dieu ! ⁷Bien plus, même les cheveux de votre tête sont tous comptés. Ne craignez donc pas : vous valez mieux que beaucoup de moineaux.
⁸Je vous le dis : Quiconque m'aura reconnu devant les hommes, le Fils de l'homme° le reconnaîtra aussi devant les anges de Dieu ; ⁹mais celui qui m'aura renié devant les hommes sera renié devant les anges de Dieu. ¹⁰Et quiconque parlera contre le Fils de l'homme, il lui sera pardonné° ; mais à celui qui aura blasphémé° contre le Saint Esprit, il ne sera pas pardonné. ¹¹Quand on vous mènera devant les synagogues°, les magistrats et les autorités, ne vous inquiétez pas de la manière dont vous vous défendrez ou de ce que vous direz ; ¹²car le Saint Esprit vous enseignera à l'heure même ce qu'il faudra dire.

Parabole du riche insensé

¹³Quelqu'un lui dit alors du milieu de la foule :

— Maître, dis à mon frère de partager avec moi l'héritage. ¹⁴Mais il lui dit :

— Homme, qui m'a établi sur vous pour être votre juge et pour faire vos partages ? ¹⁵Puis il leur dit :

— Faites attention, et gardez-vous de toute avarice ; car quelqu'un a beau être dans l'abondance, sa vie ne dépend pas de ses biens.
¹⁶Alors il leur dit une parabole° :

— Le domaine d'un homme riche avait beaucoup rapporté ; ¹⁷et il calculait en lui-même, se disant : Que dois-je faire ? car je ne sais pas où amasser mes récoltes. ¹⁸Puis il dit : Voici ce que je ferai : j'abattrai mes greniers, j'en bâtirai de plus grands et j'y amasserai tous mes produits et mes biens ; ¹⁹et je dirai à mon âme : Mon âme, tu as beaucoup de biens en réserve pour beaucoup d'années ; repose-toi, mange, bois, fais bonne chère. ²⁰Mais Dieu lui dit : Insensé ! Cette nuit même, ton âme° te sera redemandée ; et ce que tu as préparé, qui l'aura ? ²¹Il en est ainsi de celui qui amasse des trésors pour lui-même, et qui n'est pas riche quant à Dieu.

Ne soyez pas en souci
²²Jésus dit encore à ses disciples :

— C'est pourquoi je vous dis : Ne soyez pas en souci pour la vie, de ce que vous mangerez ; ni pour le corps, de quoi vous serez vêtus : ²³car la vie est plus que la nourriture, et le corps plus que le vêtement. ²⁴Considérez les corbeaux : ils ne sèment ni ne moissonnent, ils n'ont pas de cellier ni de grenier ; et Dieu les nourrit. Combien valez-vous plus que les oiseaux ! ²⁵Et qui d'entre vous, par le souci qu'il se donne, peut ajouter une coudée à sa taille[a] ? ²⁶Si donc vous ne pouvez pas même ce qui est très petit, pourquoi êtes-vous en souci du reste ? ²⁷Considérez les lis, comment ils croissent : ils ne travaillent ni ne filent ; cependant je vous dis que même Salomon, dans toute sa gloire, n'était pas vêtu comme l'un d'eux. ²⁸Si Dieu revêt ainsi l'herbe qui est aujourd'hui au champ et qui demain est jetée au four, à plus forte raison le fera-t-il pour vous, gens de petite foi ! ²⁹Et vous, ne cherchez pas ce que vous mangerez ou ce que vous boirez, et n'en soyez pas en peine ; ³⁰car tout cela, les nations° du monde le

---

a • *environ 45 cm, voir Mesures°.*

recherchent; mais votre Père sait que vous en avez besoin; ³¹cherchez plutôt son royaume, et cela vous sera donné par-dessus.

³²Ne crains pas, petit troupeau, car il a plu à votre Père de vous donner le royaume. ³³Vendez vos biens et donnez l'aumône; faites-vous des bourses qui ne vieillissent pas, un trésor inépuisable, dans les cieux, où le voleur n'approche pas, et où la mite ne détruit pas; ³⁴car là où est votre trésor, là aussi sera votre cœur.

Être prêt pour le retour de Christ

³⁵Que vos reins soient ceints° et vos lampes allumées; ³⁶et soyez vous-mêmes semblables à des hommes qui attendent leur maître°, lorsqu'il reviendra des noces : ainsi, dès qu'il arrivera et frappera, ils lui ouvriront aussitôt. ³⁷Bienheureux sont ces esclaves que le maître, quand il viendra, trouvera en train de veiller. En vérité, je vous dis qu'il se ceindra°, les fera mettre à table et, s'avançant, il les servira. ³⁸Qu'il vienne à la deuxième ou à la troisième veille°, s'il les trouve ainsi, bienheureux sont ces esclaves ! ³⁹Mais sachez-le : si le maître de maison avait su à quelle heure le voleur devait venir, il aurait veillé et n'aurait pas laissé percer sa maison. ⁴⁰Vous donc aussi, soyez prêts; car le Fils de l'homme vient, à l'heure que vous ne pensez pas.

⁴¹Pierre lui dit :

– Seigneur, dis-tu cette parabole° pour nous, ou aussi pour tous ? ⁴²Le Seigneur lui répondit :

– Quel est donc l'intendant fidèle, sage, que le maître° établira sur ses domestiques pour leur donner au temps convenable leur ration de blé ? ⁴³Bienheureux est cet esclave que son maître, lorsqu'il viendra, trouvera faisant ainsi ! ⁴⁴En vérité, je vous dis qu'il l'établira sur tous ses biens. ⁴⁵Mais si cet esclave dit en son cœur : Mon maître tarde à venir, et qu'il se mette à battre les serviteurs et les servantes, à manger, à boire et à s'enivrer, ⁴⁶le maître de cet esclave viendra un jour qu'il n'attend pas et à une heure qu'il ne sait pas : il le coupera en deux et lui donnera sa part avec les infidèles. ⁴⁷Or cet esclave qui a connu la volonté de son maître et qui n'a rien préparé ni fait selon sa volonté, sera battu de nombreux coups ; ⁴⁸et celui qui ne l'a pas connue et qui, par sa conduite, a mérité des coups, sera battu de peu de coups : à quiconque il a été beaucoup donné, il sera beaucoup redemandé ; et à qui il a été beaucoup confié, il sera réclamé davantage.

⁴⁹Je suis venu jeter le feu sur la terre, et que voudrais-je, s'il a déjà été allumé ? ⁵⁰Mais j'ai à être baptisé d'un baptême ; et combien je suis étreint jusqu'à ce qu'il soit accompli ! ⁵¹Pensez-vous que je sois venu apporter la paix sur la terre ? Non, vous dis-je, mais plutôt la division. ⁵²Car désormais, cinq dans une même maison seront divisés : ⁵³trois seront divisés contre deux, et deux contre trois ; père contre fils, et fils contre père ; mère contre fille et fille contre mère ; belle-mère contre belle-fille, et belle-fille contre belle-mère.

Discerner le temps
⁵⁴Il disait aussi aux foules :

– Quand vous voyez un nuage se lever à l'occident, aussitôt vous dites : Il vient une averse ; et cela arrive ainsi. ⁵⁵Quand c'est le vent du midi qui souffle, vous dites : Il fera très chaud ; et cela arrive. ⁵⁶Hypocrites ! Vous savez discerner l'aspect de la terre et du ciel, et comment ne discernez-vous pas ce temps-ci ? ⁵⁷Et pourquoi aussi ne jugez-vous pas par vous-mêmes de ce qui est juste ? ⁵⁸Car lorsque tu vas avec ta partie adverse devant le magistrat, efforce-toi en chemin d'être délivré de celle-ci, de peur qu'elle ne te traîne devant le juge ; le juge te livrera au garde, et le garde te jettera en prison. ⁵⁹Je te dis que tu ne sortiras pas de là avant d'avoir payé jusqu'à la dernière pite°.

Se repentir ou périr
13 Au même moment, se trouvaient là des gens qui lui rapportèrent l'affaire des Galiléens° dont Pilate° avait mêlé le sang avec leurs sacrifices. ²Jésus leur répondit :

— Croyez-vous que ces Galiléens étaient plus pécheurs° que tous les Galiléens, pour avoir souffert de telle manière ? ³Non, vous dis-je ; mais si vous ne vous repentez° pas, vous périrez tous pareillement. ⁴Ou ces dix-huit sur qui tomba la tour à Siloé, et qu'elle tua, croyez-vous qu'ils étaient plus coupables que tous les habitants de Jérusalem ? ⁵Non, vous dis-je ; mais si vous ne vous repentez pas, vous périrez tous pareillement.

Parabole du figuier stérile

⁶Il disait encore cette parabole° :
Quelqu'un avait un figuier planté dans sa vigne ; il vint y chercher du fruit, et n'en trouva pas. ⁷Il dit au vigneron :

— Voici trois ans que je viens chercher du fruit sur ce figuier, et je n'en trouve pas : coupe-le. Pourquoi occupe-t-il inutilement la terre ? ⁸Mais le vigneron lui répondit :

— Maître°, laisse-le encore cette année, jusqu'à ce que je l'aie déchaussé et que j'y aie mis du fumier ; ⁹peut-être portera-t-il du fruit, sinon alors tu le couperas.

Guérison d'une femme le jour du sabbat

¹⁰Il enseignait dans l'une des synagogues°, le jour du sabbat°. ¹¹Et voici, il y avait une femme possédée depuis dix-huit ans d'un esprit qui la rendait infirme : elle était courbée et absolument incapable de se redresser. ¹²Quand il la vit, Jésus l'appela et lui dit :

— Femme, tu es délivrée de ton infirmité.

¹³Puis il posa les mains sur elle, et à l'instant elle se redressa et glorifiait Dieu. ¹⁴S'adressant à la foule, le chef de synagogue, indigné de ce que Jésus avait guéri le jour du sabbat, dit :

— Il y a six jours où il faut travailler ; venez donc ces jours-là pour être guéris, et non pas le jour du sabbat. ¹⁵Mais le Seigneur lui répondit :

— Hypocrites ! Chacun de vous ne détache-t-il pas de la crèche[a] son bœuf ou son âne le jour du sabbat pour le mener boire ? ¹⁶Et celle-ci, qui est fille d'Abraham, elle que Satan avait liée il y a dix-huit ans, ne fallait-il pas la délivrer de ce lien le jour du sabbat ?
¹⁷Comme il disait cela, tous ses adversaires furent couverts de honte ; et toute la foule se réjouissait de toutes les choses glorieuses qui étaient faites par lui.

Parabole du royaume de Dieu : le grain de moutarde
¹⁸Il disait donc :
— À quoi est semblable le royaume de Dieu, et à quoi le comparerai-je ? ¹⁹Il est semblable à un grain de moutarde qu'un homme prit et jeta dans son jardin ; il poussa, devint un arbre, et les oiseaux du ciel nichèrent dans ses branches.

Parabole du royaume de Dieu : le levain
²⁰Il dit encore :
— À quoi comparerai-je le royaume de Dieu ? ²¹Il est semblable à du levain qu'une femme prit et cacha parmi trois mesures° de farine, jusqu'à ce que tout eut levé.

La porte étroite
²²Il traversait villes et villages, enseignant et poursuivant son chemin vers Jérusalem. ²³Quelqu'un lui dit :
— Seigneur, ceux qui seront sauvés sont-ils en petit nombre ? ²⁴Mais il leur dit :
— Luttez pour entrer par la porte étroite ; parce que beaucoup, je vous le dis, chercheront à entrer et ne pourront pas. ²⁵Dès que le maître de maison se sera levé et aura fermé la porte, quand vous vous tiendrez dehors et que vous vous mettrez à frapper à la porte, en disant : Seigneur, ouvre-nous — en réponse il vous dira : Vous, je ne sais pas d'où vous êtes. ²⁶Alors vous vous mettrez à dire : Nous avons mangé et bu en ta présence, et tu as enseigné dans

---

a • mangeoire.

nos rues. ²⁷Mais il dira : Je vous le déclare, je ne sais pas d'où vous êtes ; retirez-vous de moi, vous tous, ouvriers d'iniquité. ²⁸Là seront les pleurs et les grincements de dents, quand vous verrez Abraham, Isaac, Jacob et tous les prophètes dans le royaume de Dieu, mais vous, jetés dehors. ²⁹Il en viendra d'orient et d'occident, du nord et du midi ; et ils se mettront à table dans le royaume de Dieu. ³⁰Et voici, il y a des derniers qui seront premiers, et il y a des premiers qui seront derniers.

Jérusalem, la ville qui tue les prophètes

³¹Au même moment, des pharisiens° s'approchèrent et lui dirent :

— Retire-toi et va-t'en d'ici, car Hérode^q veut te tuer. ³²Il leur dit alors :

— Allez dire à ce renard : Voici, je chasse des démons°, j'opère des guérisons aujourd'hui et demain et, le troisième jour, pour moi tout s'achève. ³³Cependant, il faut que je continue à marcher aujourd'hui, demain et le jour suivant, car il est impossible qu'un prophète périsse hors de Jérusalem. ³⁴Jérusalem, Jérusalem, la ville qui tue les prophètes et qui lapide ceux qui lui sont envoyés, que de fois j'ai voulu rassembler tes enfants, comme une poule rassemble sa couvée sous ses ailes, et vous ne l'avez pas voulu ! ³⁵Voici, votre maison vous est abandonnée ; et je vous dis : Vous ne me verrez plus jusqu'à ce qu'arrive le temps où vous direz : Béni soit celui qui vient au nom du Seigneur* !

Guérison, le jour du sabbat, d'un homme atteint d'hydropisie

14 Au moment où il entrait, un jour de sabbat°, dans la maison d'un des chefs des pharisiens° pour prendre un repas, ceux-ci l'épiaient. ²Et voici, il y avait devant lui un homme atteint d'hydropisie[a]. ³Prenant la parole, Jésus s'adressa aux docteurs° de la Loi et aux pharisiens :

---

a • *maladie caractérisée par une enflure généralisée (œdème).*

— Est-il permis de donner des soins, le jour du sabbat ?
⁴Mais ils se turent. Alors il prit le malade, le guérit et le renvoya. ⁵Puis il leur dit :
— Qui de vous, si son âne ou son bœuf tombe dans un puits, ne l'en retirera pas aussitôt le jour du sabbat ?
⁶Et ils ne purent rien répliquer à cela.

⁷Il dit encore une parabole° aux invités, en observant comment ils choisissaient les premières places ; il leur déclara :
— ⁸Quand tu es invité par quelqu'un à des noces, ne t'installe pas à la première place, de peur qu'un plus honorable que toi ne soit invité par lui, ⁹et que celui qui vous a invités, toi et lui, ne vienne te dire : Cède ta place à celui-ci ; alors tu devrais te mettre, avec honte, à occuper la dernière place. ¹⁰Mais, quand tu seras invité, va t'asseoir à la dernière place, afin que, quand celui qui t'a invité viendra, il te dise : Ami, monte plus haut. Alors tu auras de l'honneur devant tous ceux qui seront à table avec toi ; ¹¹parce que quiconque s'élève sera abaissé, et celui qui s'abaisse sera élevé.

Prendre la dernière place
¹²Il dit aussi à celui qui l'avait invité :
— Quand tu donnes un déjeuner ou un dîner, n'appelle pas tes amis, ni tes frères, ni ta parenté, ni de riches voisins, de peur qu'ils ne t'invitent à leur tour et ne te rendent la pareille. ¹³Mais quand tu donnes un festin, invite des pauvres, des estropiés, des boiteux, des aveugles ; ¹⁴et tu seras bienheureux, parce qu'ils n'ont pas de quoi te le rendre : cela te sera rendu en la résurrection des justes.

Parabole du grand dîner
¹⁵Ayant entendu ces paroles, un de ceux qui étaient à table dit à Jésus :
— Bienheureux celui qui mangera du pain dans le royaume de Dieu. ¹⁶Mais il lui dit :

– Un homme donnait un grand dîner ; il y invita beaucoup de gens. ¹⁷ À l'heure du dîner, il envoya son esclave dire aux invités :
– Venez, car déjà tout est prêt.
¹⁸ Mais ils commencèrent tous unanimement à s'excuser.
Le premier lui dit : J'ai acheté un champ, et je dois absolument aller le voir ; je te prie, tiens-moi pour excusé.
¹⁹ Un autre dit : J'ai acheté cinq paires de bœufs, et je vais les essayer ; je te prie, tiens-moi pour excusé.
²⁰ Puis un autre dit : Je viens de me marier et, à cause de cela, je ne peux pas venir.
²¹ À son retour, l'esclave rapporta ces réponses à son maître. Alors, en colère, le maître de maison dit à son esclave :
– Va vite dans les rues et les ruelles de la ville, et amène ici les pauvres, les estropiés, les aveugles et les boiteux. ²² L'esclave dit :
– Maître°, ce que tu as commandé est fait, et il y a encore de la place.
²³ Le maître dit alors à l'esclave :
– Va dans les chemins et le long des haies, et contrains les gens à entrer, afin que ma maison° soit remplie ; ²⁴ car je vous dis qu'aucun de ces hommes qui ont été invités ne goûtera de mon dîner.

Être disciple de Christ

²⁵ De grandes foules faisaient route avec lui. Il se retourna et leur dit :
– ²⁶ Si quelqu'un vient à moi, et ne hait[a] pas son père, sa mère, sa femme, ses enfants, ses frères, ses sœurs, et même aussi sa propre vie, il ne peut pas être mon disciple. ²⁷ Et quiconque ne porte pas sa croix et ne vient pas après moi, ne peut être mon disciple. ²⁸ Qui parmi vous, en effet, s'il veut bâtir une tour, ne s'assied d'abord et ne calcule la dépense, pour voir s'il a de quoi mener l'œuvre à bonne fin ? ²⁹ Autrement, si, après avoir posé les fondations, il

---

a • *hébraïsme qui signifie* : si quelqu'un vient à moi, et aime son père, sa mère, [...] plus que moi (*comp.* Matthieu 10. 37).

ne pouvait pas achever, tous ceux qui le verraient se mettraient à se moquer de lui et à dire : ³⁰Cet homme a commencé à bâtir et il n'a pas pu achever. ³¹Ou quel roi, partant pour faire la guerre à un autre roi, ne s'assied d'abord pour se demander s'il peut avec dix mille hommes affronter celui qui vient contre lui avec vingt mille? ³²Sinon, pendant qu'il est encore loin, il lui envoie une ambassade et s'informe des conditions de paix. ³³De la même façon, quiconque parmi vous ne renonce pas à tout ce qu'il a ne peut pas être mon disciple.

³⁴Le sel est bon ; mais si même le sel a perdu sa saveur, avec quoi l'assaisonnera-t-on ? ³⁵Il n'est utile ni pour la terre, ni pour le fumier ; on le jette dehors. Qui a des oreilles pour entendre, qu'il entende.

Parabole de la brebis perdue

15 Tous les publicains° et les pécheurs° s'approchaient de lui pour l'entendre. ²Mais les pharisiens° et les scribes° murmuraient :

– Celui-ci accueille des pécheurs et mange avec eux. ³Il leur dit alors cette parabole° :

– ⁴Quel est l'homme parmi vous qui, s'il a cent brebis et en a perdu une, ne laisse les quatre-vingt-dix-neuf au désert pour aller après celle qui est perdue, jusqu'à ce qu'il l'ait trouvée ? ⁵Quand il l'a trouvée, il la met sur ses épaules, tout joyeux ; ⁶puis, de retour à la maison, il assemble les amis et les voisins et leur dit : Réjouissez-vous avec moi, car j'ai trouvé ma brebis, celle qui était perdue. ⁷Je vous dis qu'ainsi il y aura de la joie au ciel pour un seul pécheur° qui se repent°, plus que pour quatre-vingt-dix-neuf justes qui n'ont pas besoin de repentance.

Parabole de la drachme perdue

⁸Ou quelle est la femme qui, ayant dix drachmes°, si elle perd une drachme, n'allume la lampe, ne balaie la maison et ne cherche soigneusement jusqu'à ce qu'elle l'ait trouvée ? ⁹Quand elle l'a trouvée, elle assemble les amies et les voisines et leur dit : Réjouissez-vous avec moi, car j'ai trouvé la drachme que

j'avais perdue. ¹⁰Ainsi, je vous le dis, il y a de la joie devant les anges de Dieu pour un seul pécheur qui se repent.

Parabole du fils perdu
¹¹Il dit encore :
Un homme avait deux fils ; ¹²le plus jeune dit à son père :

– Père, donne-moi la part du bien qui me revient.
Alors il leur partagea son bien. ¹³Peu de jours après, le plus jeune fils vendit tout et partit pour un pays éloigné ; là il dissipa ce qu'il avait, en vivant dans la débauche. ¹⁴Après qu'il eut tout dépensé, une grande famine survint dans ce pays-là ; et lui aussi commença à être dans le besoin. ¹⁵Il alla se joindre à l'un des citoyens de ce pays-là, qui l'envoya dans ses champs garder les porcs. ¹⁶Et il désirait se remplir le ventre des gousses que mangeaient les porcs ; mais personne ne lui donnait rien. ¹⁷Revenu à lui-même, il dit :

– Combien d'ouvriers de mon père ont du pain en abondance, et moi je péris ici de faim ! ¹⁸Je me lèverai, je m'en irai vers mon père et je lui dirai : Père, j'ai péché contre le ciel et devant toi ; ¹⁹je ne suis plus digne d'être appelé ton fils ; traite-moi comme l'un de tes ouvriers.

²⁰Il se leva et vint vers son père. Comme il était encore loin, son père le vit et fut ému de compassion ; il courut à lui, se jeta à son cou et le couvrit de baisers. ²¹Le fils lui dit :

– Père, j'ai péché contre le ciel et devant toi ; je ne suis plus digne d'être appelé ton fils.

²²Mais le père dit à ses esclaves :

– Apportez dehors la plus belle robe, et l'en revêtez ; mettez-lui un anneau au doigt et des sandales aux pieds ; ²³puis amenez le veau gras et tuez-le ; mangeons et réjouissons-nous, ²⁴car mon fils que voici était mort et il est revenu à la vie ; il était perdu et il est retrouvé.

Et ils se mirent à faire bonne chère.

Comme il était encore loin, son père le vit et fut ému de compassion ; il courut à lui, se jeta à son cou et le couvrit de baisers. (chap. 15. 20)

²⁵Or son fils aîné était aux champs. Lorsque, à son retour, il approcha de la maison, il entendit la musique et les danses. ²⁶Il appela l'un des serviteurs et demanda ce que c'était. ²⁷Il lui dit :
— Ton frère est revenu, et ton père a tué le veau gras parce qu'il l'a retrouvé sain et sauf.
²⁸Il se mit en colère et ne voulait pas entrer. Son père sortit, et il le priait d'entrer. ²⁹Mais lui répondit à son père :
— Voici tant d'années que je te sers ; jamais je n'ai désobéi à un de tes commandements, et tu ne m'as jamais donné un chevreau pour faire bonne chère avec mes amis. ³⁰Mais quand celui-ci, ton fils, qui a mangé ton bien avec des prostituées, est venu, tu as tué pour lui le veau gras. ³¹Le père lui dit :
— Mon enfant, tu es toujours avec moi, et tout ce qui est à moi est à toi ; ³²mais il fallait faire bonne chère et se réjouir ; car celui-ci, ton frère, était mort et il est revenu à la vie ; il était perdu et il est retrouvé.

Parabole de l'intendant infidèle

16 Jésus dit aussi à ses disciples :
Un homme riche avait un intendant ; et celui-ci fut accusé devant lui de dilapider ses biens. ²Il l'appela et lui dit :

– Qu'est-ce que j'entends dire de toi ? Rends compte de ta gestion ; car tu ne pourras plus l'assurer. ³L'intendant dit en lui-même :

– Que vais-je faire, puisque mon maître m'ôte la gestion ? Je n'ai pas la force pour bêcher la terre ; j'ai honte de mendier : ⁴je sais ce que je vais faire, afin qu'une fois écarté de ma gestion je sois reçu dans leurs maisons.

⁵Il appela chacun des débiteurs de son maître et dit au premier :

– Combien dois-tu à mon maître ? ⁶Il répondit :

– Cent baths° d'huile. L'intendant lui dit :

– Prends ton compte, assieds-toi vite et inscris cinquante. ⁷Puis il dit à un autre :

– Et toi, combien dois-tu ? Il dit :

– Cent cors° de froment. L'intendant lui dit :

– Prends ton compte et inscris quatre-vingts.

⁸Le maître loua l'intendant malhonnête parce qu'il avait agi prudemment. Car les fils de ce siècle° sont plus prudents, à l'égard de leurs semblables, que les fils de la lumière.

⁹Et moi, je vous dis :

– Faites-vous des amis avec les richesses injustes, afin que, quand elles viendront à manquer, vous soyez reçus dans les demeures éternelles. ¹⁰Celui qui est fidèle dans ce qui est très petit est fidèle aussi dans ce qui est grand ; et celui qui est injuste dans ce qui est très petit est injuste aussi dans ce qui est grand. ¹¹Si donc vous n'avez pas été fidèles dans les richesses injustes, qui vous confiera les vraies ? ¹²Et si vous n'avez pas été fidèles dans ce qui est à autrui, qui vous donnera ce qui est vôtre ? ¹³Aucun serviteur ne peut servir deux maîtres ; en effet, ou il haïra l'un et aimera l'autre, ou il s'attachera à l'un et méprisera l'autre ; vous ne pouvez pas servir Dieu et les richesses.

Dieu connaît les cœurs – Divorce et adultère

¹⁴Les pharisiens°, qui aimaient l'argent, entendaient tout cela, et ils se moquaient de lui. ¹⁵Il leur dit :

– Vous êtes ceux qui se justifient eux-mêmes devant les hommes, mais Dieu connaît vos cœurs ; car ce qui est haut estimé parmi les hommes est une abomination devant Dieu. ¹⁶La Loi et les Prophètes ont été jusqu'à Jean ; dès lors le royaume de Dieu est annoncé, et chacun use de violence pour y entrer. ¹⁷Or il est plus facile que le ciel et la terre passent, que ne tombe un seul trait de lettre de la Loi. ¹⁸Quiconque répudie sa femme et en épouse une autre commet l'adultère ; et quiconque épouse une femme répudiée par son mari commet l'adultère.

Lazare et l'homme riche

¹⁹Or il y avait un homme riche qui se vêtait de pourpre et de fin lin, et qui menait joyeuse vie, chaque jour, splendidement. ²⁰Et il y avait un pauvre, nommé Lazare, couché à sa porte, tout couvert d'ulcères ; ²¹il désirait se rassasier des miettes qui tombaient de la table du riche, mais même les chiens venaient lécher ses ulcères. ²²Il arriva que le pauvre mourut et qu'il fut porté par les anges dans le sein d'Abraham. Le riche aussi mourut et fut enseveli. ²³Et dans l'hadès°, levant les yeux, comme il était dans les tourments, il voit de loin Abraham, et Lazare dans son sein. ²⁴Alors il s'écria :

– Père Abraham, aie pitié de moi et envoie Lazare, afin qu'il trempe dans l'eau le bout de son doigt et qu'il rafraîchisse ma langue, car je suis tourmenté dans cette flamme. ²⁵Mais Abraham dit :

– Mon enfant, souviens-toi que tu as reçu tes biens pendant ta vie, et Lazare pareillement les maux ; mais maintenant lui est consolé ici, et toi tu es tourmenté. ²⁶Et de plus, un grand gouffre est fermement établi entre nous et vous ; de sorte que ceux qui veulent passer d'ici vers vous ne le peuvent pas, et que ceux qui veulent passer de là ne traversent pas non plus vers nous. ²⁷Alors il dit :

– Je te prie donc, père, d'envoyer Lazare dans la maison de mon père, ²⁸car j'ai cinq frères : qu'il les avertisse solennellement, afin qu'ils ne viennent pas, eux aussi, dans ce lieu de tourment. ²⁹Mais Abraham lui dit :

– Ils ont Moïse[a] et les prophètes ; qu'ils les écoutent. ³⁰L'autre reprit :

– Non, père Abraham ; mais si quelqu'un va des morts vers eux, ils se repentiront°. ³¹Abraham lui dit :

– S'ils n'écoutent pas Moïse et les prophètes, ils ne seront pas persuadés non plus, même si quelqu'un ressuscite d'entre les morts.

Repentance et pardon

17 Jésus dit à ses disciples :

– Il est impossible qu'il n'arrive pas des scandales° ; mais malheur à celui par qui ils arrivent ! ²Mieux vaudrait pour lui qu'on lui mette au cou une pierre de moulin[b] et qu'il soit jeté dans la mer, que de scandaliser° un de ces petits. ³Prenez garde à vous-mêmes ! Si ton frère pèche, reprends-le et, s'il se repent°, pardonne-lui ; ⁴si sept fois par jour il pèche contre toi, et que sept fois il retourne à toi, en disant : Je me repens, tu lui pardonneras.

Consécration du disciple

⁵Les apôtres° dirent au Seigneur :

– Augmente-nous la foi. ⁶Le Seigneur dit :

– Si vous aviez de la foi comme un grain de moutarde, vous diriez à ce mûrier : Déracine-toi et plante-toi dans la mer ; et il vous obéirait.

⁷Qui parmi vous, s'il a un esclave occupé à labourer ou à garder le bétail, lui dira, quand il revient des champs : Viens vite te mettre à table ! ⁸Ne lui dira-t-il pas au contraire : Prépare-moi à dîner, ceins-toi° et sers-moi jusqu'à ce que j'aie mangé et bu ; et

---

a • *c.-à-d. : les écrits de Moïse.* — b • *grosse meule de pierre.*

après, tu mangeras et tu boiras, toi ! ⁹Doit-il de la reconnaissance à l'esclave pour avoir fait ce qui avait été commandé ? Je ne le pense pas.
¹⁰Ainsi, vous aussi, quand vous aurez fait tout ce qui vous a été commandé, dites : Nous sommes des esclaves inutiles ; ce que nous étions obligés de faire, nous l'avons fait.

Guérison de dix lépreux

¹¹Il arriva qu'en allant à Jérusalem il traversait la Samarie° et la Galilée°. ¹²Comme il entrait dans un village, dix lépreux vinrent à sa rencontre ; ils s'arrêtèrent à distance ¹³et ils élevèrent la voix en disant :
— Jésus, maître▽, aie pitié de nous ! ¹⁴En les voyant, il leur dit :
— Allez vous montrer aux sacrificateurs°.
Or il arriva qu'en chemin ils furent rendus nets[a].
¹⁵L'un d'eux, voyant qu'il était guéri, revint sur ses pas en glorifiant Dieu à haute voix ; ¹⁶puis il se jeta sur sa face aux pieds de Jésus, en lui rendant grâces. Et c'était un Samaritain°. ¹⁷Jésus répondit :
— Les dix n'ont-ils pas été rendus nets ? Et les neuf, où sont-ils ? ¹⁸Il ne s'en est pas trouvé pour revenir donner gloire à Dieu, si ce n'est cet étranger. ¹⁹Alors il lui dit :
— Lève-toi et va ; ta foi t'a guéri[b].

Jésus annonce sa seconde venue
pour établir le royaume de Dieu

²⁰Les pharisiens° lui ayant demandé quand viendrait le royaume de Dieu, il leur répondit :
— Le royaume de Dieu ne vient pas de manière à attirer l'attention ; ²¹et l'on ne dira pas : Il est ici ! ou : Il est là ! Car voici, le royaume de Dieu est au milieu de vous. ²²Puis il dit aux disciples :
— Les jours viendront où vous désirerez voir l'un des jours du Fils de l'homme°, et vous ne le verrez pas. ²³Alors on vous dira : Le voici ! ou : Le voilà ! N'y allez pas et n'y courez pas. ²⁴Car comme l'éclair, fulgurant, brille d'une extrémité à l'autre sous le

---

a • *ou :* purs. — b • *litt. :* sauvé.

ciel, ainsi sera le Fils de l'homme en son jour°. ²⁵Mais auparavant il faut qu'il souffre beaucoup et qu'il soit rejeté par cette génération. ²⁶Comme il arriva aux jours de Noé, ainsi en sera-t-il aussi aux jours du Fils de l'homme : ²⁷on mangeait, on buvait, on se mariait, on donnait en mariage, jusqu'au jour où Noé entra dans l'arche ; alors le déluge vint et les fit tous périr. ²⁸Ce sera aussi comme aux jours de Lot : on mangeait, on buvait, on achetait, on vendait, on plantait, on bâtissait ; ²⁹mais le jour où Lot sortit de Sodome, il tomba du ciel une pluie de feu et de soufre, qui les fit tous périr. ³⁰Il en sera de même le jour où le Fils de l'homme sera révélé. ³¹En ce jour-là, que celui qui sera sur le toit[a] et qui aura ses affaires dans la maison ne descende pas pour les emporter ; de même, que celui qui sera aux champs ne retourne pas en arrière. ³²Souvenez-vous de la femme de Lot. ³³Quiconque cherchera à sauver sa vie la perdra ; et quiconque la perdra la gagnera. ³⁴Je vous dis qu'en cette nuit-là, deux seront sur un même lit : l'un sera pris et l'autre laissé ; ³⁵deux femmes moudront ensemble : l'une sera prise et l'autre laissée ; ³⁶deux seront aux champs : l'un sera pris et l'autre laissé. ³⁷En réponse, ils lui disent :

– Où, Seigneur ? Il leur dit :

– Là où est le corps, là aussi s'assembleront les aigles.

Persévérer dans la prière

18 Il leur dit encore une parabole° pour montrer qu'il leur fallait toujours prier et ne pas se lasser :

– ²Il y avait dans une ville un juge qui ne craignait pas Dieu et ne respectait pas les hommes ; ³or dans cette ville-là il y avait une veuve, qui allait le voir pour lui dire : Rends-moi justice contre mon adversaire. ⁴Pendant longtemps, il s'y refusait. Mais ensuite il dit en lui-même : Bien que je ne craigne pas Dieu et que je ne respecte pas les hommes,

---

a • *toit en terrasse accessible de l'extérieur.*

⁵néanmoins, parce que cette veuve me fatigue, je lui rendrai justice, de peur que, revenant sans cesse, elle ne me casse la tête. ⁶Le Seigneur dit alors :

– Écoutez ce que dit le juge inique. ⁷Et Dieu ne ferait-il pas justice à ses élus°, qui crient à lui jour et nuit, lui qui use de patience avant d'intervenir pour eux ? ⁸Je vous dis que bientôt il leur fera justice. Mais le Fils de l'homme°, quand il viendra, trouvera-t-il de la foi sur la terre ?

Le pharisien et le publicain
⁹Il dit aussi cette parabole à quelques-uns qui se confiaient en eux-mêmes comme s'ils étaient justes et qui tenaient le reste des hommes pour rien :

– ¹⁰Deux hommes montèrent au temple pour prier, l'un pharisien° et l'autre publicain°. ¹¹Le pharisien, se tenant debout, priait ainsi en lui-même : Ô Dieu, je te rends grâces de ce que je ne suis pas comme le reste des hommes qui sont rapaces, injustes, adultères ; ou même comme ce publicain. ¹²Je jeûne deux fois par semaine, je donne la dîme° de tout mon revenu.

¹³Le publicain, se tenant loin, ne voulait même pas lever les yeux vers le ciel, mais se frappait la poitrine en disant : Ô Dieu, sois apaisé envers moi, pécheur° ! ¹⁴Je vous le dis, celui-ci descendit dans sa maison justifié plutôt que l'autre ; car quiconque s'élève sera abaissé, et celui qui s'abaisse sera élevé.

Jésus bénit les petits enfants
¹⁵On lui apportait aussi les tout jeunes enfants, pour qu'il les touche ; en voyant cela, les disciples reprenaient ceux qui les apportaient. ¹⁶Mais Jésus appela à lui les enfants et dit :

– Laissez venir à moi les petits enfants, et ne les en empêchez pas ; car le royaume de Dieu est à ceux qui sont comme eux. ¹⁷En vérité, je vous dis : Quiconque ne recevra pas le royaume de Dieu comme un petit enfant n'y entrera pas.

Un homme riche veut la vie éternelle
¹⁸Un chef du peuple l'interrogea :

– Bon maître°, que faut-il que j'aie fait pour hériter de la vie éternelle ? ¹⁹Jésus lui dit :
– Pourquoi m'appelles-tu bon ? Nul n'est bon, sinon un seul, Dieu. ²⁰Tu sais les commandements : Ne commets pas d'adultère ; ne tue pas ; ne vole pas ; ne dis pas de faux témoignage ; honore ton père et ta mère. ²¹Il répondit :
– J'ai gardé tout cela dès ma jeunesse. ²²Quand Jésus l'eut entendu, il lui dit :
– Une chose te manque encore : vends tout ce que tu as, distribue-le aux pauvres, et tu auras un trésor dans les cieux ; et viens, suis-moi.
²³Mais lui, après avoir entendu cela, devint tout triste ; car il était extrêmement riche. ²⁴Et Jésus, voyant qu'il était devenu fort triste, dit :
– Comme il est difficile pour ceux qui ont des biens d'entrer dans le royaume de Dieu ! ²⁵Car il est plus facile à un chameau d'entrer par un trou d'aiguille, qu'à un riche d'entrer dans le royaume de Dieu. ²⁶Ceux qui l'avaient entendu dirent :
– Et qui peut être sauvé ? ²⁷Mais il dit :
– Ce qui est impossible pour les hommes est possible pour Dieu. ²⁸Pierre lui dit :
– Voici, nous avons tout quitté et nous t'avons suivi. ²⁹Il leur déclara :
– En vérité, je vous dis qu'il n'y a personne qui ait quitté maison, ou parents, ou frères, ou femme, ou enfants, à cause du royaume de Dieu, ³⁰qui ne reçoive beaucoup plus en ce temps-ci et, dans le siècle° qui vient, la vie éternelle.

Jésus annonce à nouveau ses souffrances, sa mort et sa résurrection

³¹Il prit avec lui les douze et leur dit :
– Voici, nous montons à Jérusalem, et tout ce qui a été écrit par les prophètes concernant le Fils de l'homme sera accompli : ³²car il sera livré aux nations°, on se moquera de lui, on l'injuriera, et on crachera sur lui ; ³³après qu'ils l'auront fouetté, ils le mettront à mort ; et le troisième jour il ressuscitera.

³⁴Mais eux ne comprirent rien de tout cela ; cette parole leur était cachée et ils ne saisirent pas le sens de ce qui était dit.

Guérison d'un aveugle

³⁵Et il arriva, lorsqu'il approchait de Jéricho, qu'un aveugle était assis au bord du chemin et mendiait. ³⁶Il entendit la foule qui passait et demanda ce que c'était. ³⁷On lui rapporta que Jésus le Nazaréen passait. ³⁸Alors il cria :

– Jésus, Fils de David, aie pitié de moi !

³⁹Ceux qui allaient devant le reprenaient pour le faire taire ; mais il s'écriait d'autant plus fort :

– Fils de David ! aie pitié de moi !

⁴⁰Jésus s'arrêta et ordonna qu'on le lui amène. Quand l'aveugle fut près de lui, il lui demanda :

– ⁴¹Que veux-tu que je te fasse ? Il dit :

– Seigneur, que je recouvre la vue. ⁴²Jésus lui dit :

– Recouvre la vue, ta foi t'a guéri[a].

⁴³À l'instant il recouvra la vue et le suivit, glorifiant Dieu. Tout le peuple, voyant cela, donna louange à Dieu.

Zachée

19 Jésus entra dans Jéricho, et il traversait la ville. ²Il y avait là un homme appelé Zachée : c'était un chef de publicains°, et il était riche ; ³il cherchait à voir Jésus, qui il était ; mais il ne le pouvait pas, à cause de la foule, car il était de petite taille. ⁴Il courut en avant, monta sur un sycomore pour voir Jésus, car il allait passer là. ⁵Quand Jésus fut venu à cet endroit, il leva les yeux, le vit et lui dit :

– Zachée, descends vite, car il faut que je demeure aujourd'hui dans ta maison.

⁶Vite, il descendit et le reçut avec joie. ⁷Voyant cela, tous murmuraient et disaient qu'il était entré chez un pécheur° pour y loger. ⁸Zachée, debout, dit au Seigneur :

---

a • *litt.* : sauvé.

Quand Jésus fut venu à cet endroit, il leva les yeux, le vit et lui dit : "Zachée, descends vite, car il faut que je demeure aujourd'hui dans ta maison". (chap. 19. 5)

– Voici, Seigneur, je donne la moitié de mes biens aux pauvres ; et si j'ai fait tort à quelqu'un par une fausse accusation, je lui rends le quadruple. ⁹Jésus lui dit :
– Aujourd'hui le salut est venu pour cette maison, vu que lui aussi est fils d'Abraham ; ¹⁰car le Fils de l'homme° est venu chercher et sauver ce qui était perdu.

Parabole des mines

¹¹Comme ils entendaient cela, Jésus ajouta une parabole°, parce qu'il était près de Jérusalem, et parce qu'ils pensaient, eux, que le royaume de Dieu allait immédiatement paraître. ¹²Il dit donc :
Un homme de haute naissance se rendit dans un pays éloigné, pour recevoir un royaume et revenir. ¹³Il appela dix de ses esclaves, leur donna dix mines° et leur dit :

– Faites-les fructifier jusqu'à ce que je revienne.

¹⁴Or ses concitoyens le haïssaient, et ils envoyèrent après lui une délégation pour dire :

– Nous ne voulons pas que celui-ci règne sur nous.

¹⁵Et il arriva, à son retour, après qu'il eut reçu le royaume, qu'il fit appeler auprès de lui ces esclaves auxquels il avait donné l'argent, afin de savoir ce que chacun avait gagné en le faisant fructifier. ¹⁶Le premier se présenta et dit :

– Maître°, ta mine a rapporté dix mines. ¹⁷Le maître lui dit :

– Bien, bon esclave, parce que tu as été fidèle en ce qui est très peu de chose, aie autorité sur dix villes. ¹⁸Le second vint et dit :

– Maître, ta mine a produit cinq mines. ¹⁹Il dit aussi à celui-ci :

– Et toi, sois établi sur cinq villes. ²⁰Puis un autre vint et dit :

– Maître, voici ta mine, que j'avais mise de côté dans un linge ; ²¹car j'ai eu peur de toi, parce que tu es un homme sévère : tu retires ce que tu n'as pas déposé, et tu moissonnes ce que tu n'as pas semé. ²²Il lui dit :

– Je te jugerai par ta propre parole, méchant esclave : tu savais que je suis un homme sévère, retirant ce que je n'ai pas déposé et moissonnant ce que je n'ai pas semé ; ²³pourquoi donc n'as-tu pas mis mon argent à la banque, et une fois revenu, je l'aurais retiré avec l'intérêt ?

²⁴Puis il dit à ceux qui étaient présents :

– Ôtez-lui la mine et donnez-la à celui qui a les dix mines. ²⁵- Ils lui dirent : Seigneur, il a dix mines ! ²⁶- Car je vous le dis : À quiconque a, il sera donné ; et à celui qui n'a pas, cela même qu'il a lui sera ôté. ²⁷Mais ceux-là, mes ennemis, qui n'ont pas voulu que je règne sur eux, amenez-les ici et tuez-les devant moi.

LA FIN DU SERVICE DE JÉSUS, À JÉRUSALEM

²⁸Après avoir dit cela, il allait devant eux, montant à Jérusalem.

Entrée triomphale de Jésus à Jérusalem
²⁹Il arriva, comme il approchait de Bethphagé et de Béthanie, vers le mont appelé mont des Oliviers, qu'il envoya deux de ses disciples, en disant :

³⁰— Allez au village qui est en face ; en y entrant, vous trouverez un ânon attaché, sur lequel jamais personne ne s'est assis ; détachez-le et amenez-le. ³¹Si quelqu'un vous demande pourquoi vous le détachez, vous lui direz ainsi : Le Seigneur en a besoin.

³²Ceux qui étaient envoyés s'en allèrent et trouvèrent tout comme il le leur avait dit. ³³Comme ils détachaient l'ânon, ses maîtres leur dirent :

— Pourquoi détachez-vous l'ânon ? ³⁴Ils dirent :

— Parce que le Seigneur en a besoin.

³⁵Puis ils l'amenèrent à Jésus ; et ayant jeté leurs vêtements sur l'ânon, ils y firent monter Jésus. ³⁶À mesure qu'il avançait, ils étendaient leurs vêtements sur le chemin. ³⁷Comme déjà il était près de la descente du mont des Oliviers, toute la multitude des disciples, remplie de joie, se mit à louer Dieu à haute voix pour tous les miracles qu'ils avaient vus, ³⁸et ils disaient :

— Béni soit le roi qui vient au nom du Seigneur* ! Paix dans le ciel, et gloire dans les lieux très hauts !

³⁹Certains des pharisiens° lui dirent alors du milieu de la foule :

— Maître, reprends tes disciples. ⁴⁰Il répondit :

— Je vous dis que si eux se taisent, les pierres crieront.

Jésus pleure sur Jérusalem

⁴¹Quand il fut tout près, voyant la ville, il pleura sur elle ⁴²en disant :

– Si tu avais connu, toi aussi, au moins en cette journée – la tienne – ce qui t'apporterait la paix ! mais maintenant, cela est resté caché à tes yeux. ⁴³Car des jours viendront sur toi où tes ennemis t'entoureront de tranchées, t'environneront, te serreront de tous côtés ⁴⁴et t'écraseront jusqu'en terre, toi et tes enfants au-dedans de toi ; et ils ne laisseront pas en toi pierre sur pierre, parce que tu n'as pas connu le temps où tu as été visitée.

Jésus chasse les marchands du temple

⁴⁵Puis il entra au temple et se mit à en chasser ceux qui y vendaient et qui y achetaient, ⁴⁶en leur disant :

– Il est écrit : « Ma maison° sera une maison de prière » ; mais vous, vous en avez fait une caverne de voleurs.

⁴⁷Et il enseignait tous les jours dans le temple. Les principaux sacrificateurs°, les scribes° et les principaux du peuple cherchaient à le faire mourir. ⁴⁸Mais ils ne trouvaient pas ce qu'ils pourraient faire ; car tout le peuple se tenait suspendu à ses lèvres pour l'entendre.

L'autorité de Jésus mise en doute

20 Il arriva, un de ces jours-là, comme il enseignait le peuple dans le temple et évangélisait, que les principaux sacrificateurs° et les scribes° survinrent avec les anciens°. ²Ils lui parlèrent en ces termes :

– Dis-nous par quelle autorité tu fais cela, ou qui est celui qui t'a donné cette autorité ? ³Il leur répondit :

– Je vais vous poser, moi aussi, une question ; dites-moi : ⁴Le baptême de Jean était-il du ciel ou des hommes ?

⁵Ils raisonnèrent alors entre eux : Si nous disons : Du ciel, il dira : Pourquoi donc ne l'avez-vous pas cru ? ⁶Si nous disons : Des hommes, tout le peuple

nous lapidera, car il est persuadé que Jean était un prophète. ⁷Alors ils répondirent qu'ils ne savaient pas d'où il était. ⁸Jésus leur dit :

— Moi non plus, je ne vous dis pas par quelle autorité je fais cela.

Parabole des méchants cultivateurs

⁹Puis il se mit à dire au peuple cette parabole° :

— Un homme planta une vigne, la loua à des cultivateurs et quitta le pays pour longtemps. ¹⁰Puis, en la saison, il envoya un esclave aux cultivateurs pour qu'ils lui donnent du fruit de la vigne ; mais les cultivateurs, après l'avoir battu, le renvoyèrent les mains vides. ¹¹Il envoya encore un autre esclave ; mais après l'avoir, lui aussi, battu et traité ignominieusement, ils le renvoyèrent les mains vides. ¹²Il en envoya encore un troisième ; mais ils blessèrent aussi celui-ci, et le jetèrent dehors. ¹³Le maître de la vigne dit : Que ferai-je ? J'enverrai mon fils bien-aimé ; lui, peut-être, ils le respecteront. ¹⁴Mais quand les cultivateurs le virent, ils raisonnèrent entre eux : Celui-ci est l'héritier, tuons-le, afin que l'héritage soit à nous. ¹⁵Ils le jetèrent hors de la vigne et le tuèrent. Que leur fera donc le maître de la vigne ? ¹⁶Il viendra, fera périr ces cultivateurs et donnera la vigne à d'autres.

Ayant entendu cela, ils dirent : Que rien de tel n'arrive ! ¹⁷Mais lui les regarda et dit :

— Que signifie donc ce qui est écrit : « La pierre que ceux qui bâtissaient ont rejetée, celle-là est devenue la pierre maîtresse de l'angle » ? ¹⁸Quiconque tombera sur cette pierre sera brisé ; mais celui sur qui elle tombera, elle le broiera.

Rendre à César ce qui lui appartient et à Dieu ce qui lui est dû

¹⁹Les principaux sacrificateurs° et les scribes° cherchèrent, à cette heure même, à mettre les mains sur lui, mais ils eurent peur du peuple ; car ils comprirent qu'il avait dit cette parabole contre eux.

²⁰ Après l'avoir épié, ils envoyèrent des agents secrets qui faisaient semblant d'être justes, pour le surprendre en quelque parole, de manière à le livrer au magistrat et au pouvoir du gouverneur°. ²¹ Ils l'interrogèrent :

– Maître°, nous savons que tu parles et que tu enseignes justement, que tu n'as pas égard à l'apparence des personnes, mais que tu enseignes la voie de Dieu avec vérité. ²² Nous est-il permis de payer le tribut à César°, ou non ?

²³ S'apercevant de leur perfidie, il leur dit :

– Pourquoi me tentez-vous ? ²⁴ Montrez-moi un denier° ; de qui a-t-il l'image et l'inscription ? Ils répondirent :

– De César. ²⁵ Alors il leur dit :

– Rendez donc à César ce qui est à César, et à Dieu ce qui est à Dieu.

²⁶ Et ils ne pouvaient le surprendre dans ses paroles devant le peuple ; étonnés de sa réponse, ils se turent.

Question des sadducéens sur la résurrection

²⁷ Quelques-uns des sadducéens°, qui nient qu'il y ait une résurrection, s'approchèrent et l'interrogèrent :

– ²⁸ Maître°, Moïse a écrit à notre intention : Si le frère de quelqu'un vient à mourir, ayant une femme, et qu'il meure sans enfant, que son frère prenne la femme et suscite une descendance à son frère. ²⁹ Il y avait donc sept frères ; le premier, après avoir pris une femme, mourut sans enfant ; ³⁰ le deuxième prit la femme, et celui-ci aussi mourut sans enfant ; ³¹ le troisième la prit, et de même aussi les sept : ils ne laissèrent pas d'enfants et moururent ; ³² après eux tous, la femme aussi mourut. ³³ Dans la résurrection donc, duquel sera-t-elle la femme, car les sept l'ont eue pour femme ? ³⁴ Jésus leur dit alors :

– Les fils de ce siècle° se marient et sont donnés en mariage ; ³⁵ mais ceux qui seront estimés dignes d'avoir part à ce siècle-là et à la résurrection d'entre les morts ne se marient pas ni ne sont donnés en mariage ; ³⁶ en effet, ils ne peuvent plus mourir, car ils sont semblables aux anges et sont fils de Dieu, étant

fils de la résurrection. ³⁷Or, que les morts ressuscitent, Moïse même l'a montré dans le récit : « Du buisson », quand il appelle le Seigneur* : le Dieu d'Abraham, le Dieu d'Isaac, et le Dieu de Jacob. ³⁸Or il n'est pas le Dieu des morts, mais des vivants ; car pour lui tous vivent.
³⁹Quelques-uns des scribes° répondirent :
– Maître ᵃ, tu as bien dit. ⁴⁰Car ils n'osaient plus l'interroger sur rien.

Jésus, descendant de David ; Jésus, Seigneur de David
⁴¹Puis il leur dit :
– Comment dit-on que le Christ° est fils de David ? ⁴²Car David lui-même dit, dans le livre des Psaumes : « Le Seigneur* a dit à mon Seigneur : Assieds-toi à ma droite, ⁴³jusqu'à ce que je mette tes ennemis pour marchepied de tes pieds ». ⁴⁴David donc l'appelle Seigneur ; et comment est-il son fils ?

Jésus dénonce l'attitude des scribes
⁴⁵Comme tout le peuple écoutait, il dit à ses disciples :
– ⁴⁶ Soyez en garde contre les scribes, qui se plaisent à se promener en longues robes, qui aiment les salutations dans les places publiques, les premiers sièges dans les synagogues° et les premières places dans les repas ; ⁴⁷qui dévorent les maisons des veuves et, pour l'apparence, font de longues prières – ceux-ci recevront une sentence plus sévère.

L'offrande de la veuve pauvre
21 Levant les yeux, il vit des riches qui jetaient leurs offrandes au Trésor. ²Il vit aussi une veuve indigente qui y jetait deux pites°. ³Et il dit :
– En vérité, je vous dis que cette veuve, pauvre, a jeté plus que tous les autres ; ⁴car tous ceux-ci ont jeté de leur superflu aux offrandes de Dieu, mais celle-ci y a jeté de sa pénurie, tout ce qu'elle avait pour vivre.

Il vit aussi une veuve indigente qui y jetait deux pites. Et il dit : "En vérité, je vous dis que cette veuve, pauvre, a jeté plus que tous les autres". (chap. 21. 2, 3)

Jésus prédit la destruction du temple –
Persécutions avant les signes annonciateurs de la fin
⁵Comme certains parlaient du temple et disaient qu'il était orné de belles pierres et de dons[a], il dit :
– ⁶Des jours viendront où, de ce que vous contemplez, il ne sera pas laissé pierre sur pierre qui ne soit jetée à terre. ⁷Ils l'interrogèrent :

---

a • choses consacrées à Dieu.

— Maître°, quand donc ces événements auront-ils lieu, et quel sera le signe lorsqu'ils seront sur le point d'arriver ? ⁸Alors il dit :

— Prenez garde, ne vous laissez pas séduire ; car beaucoup viendront en mon nom, en disant : C'est moi, et le temps est proche. N'allez pas après eux. ⁹Quand vous entendrez parler de guerres et de bouleversements, ne vous épouvantez pas ; car il faut que cela arrive d'abord ; mais la fin n'aura pas lieu aussitôt. ¹⁰Alors il leur dit :

— Nation s'élèvera contre nation, et royaume contre royaume ; ¹¹et il y aura de grands tremblements de terre en divers lieux, des famines et des pestes[a] ; il y aura aussi des sujets d'épouvante et de grands signes venant du ciel. ¹²Mais, avant tout cela, ils mettront les mains sur vous et vous persécuteront, vous livrant aux synagogues° et vous mettant en prison ; et on vous mènera devant les rois et les gouverneurs° à cause de mon nom. ¹³Cela vous donnera l'occasion de rendre témoignage. ¹⁴Ayez donc à cœur de ne pas vous préoccuper à l'avance de votre défense, ¹⁵car moi je vous donnerai des paroles et une sagesse auxquelles tous vos adversaires ne pourront pas répondre ni résister. ¹⁶Vous serez aussi livrés par des parents, par des frères, par des proches et par des amis, et on fera mourir quelques-uns d'entre vous ; ¹⁷vous serez haïs de tous, à cause de mon nom. ¹⁸Mais pas un cheveu de votre tête ne sera perdu. ¹⁹Possédez vos âmes° par votre patience.

Jésus prédit la destruction de Jérusalem et les temps des nations

²⁰Quand vous verrez Jérusalem environnée d'armées, sachez alors que sa désolation est proche. ²¹Alors, que ceux qui sont en Judée° s'enfuient dans les montagnes ; que ceux qui sont au milieu de Jérusalem s'en retirent, et que ceux qui sont dans les campagnes n'entrent pas dans la ville. ²²Car ce sont là des jours de vengeance, pour que s'accomplisse tout ce qui est écrit. ²³Mais quel malheur pour celles

---

a • *ou* : épidémies.

qui seront enceintes et pour celles qui allaiteront en ces jours-là ! Car il y aura une grande détresse sur le pays et de la colère contre ce peuple. ²⁴Ils tomberont sous le tranchant de l'épée ; ils seront emmenés captifs parmi toutes les nations, et Jérusalem sera foulée aux pieds par les nations jusqu'à ce que soient accomplis les temps des nations°.

La venue glorieuse du Fils de l'homme
²⁵Il y aura des signes dans le soleil, la lune et les étoiles, et sur la terre une angoisse des nations en perplexité devant le grand bruit de la mer et des flots, ²⁶les hommes rendant l'âme de peur dans l'attente de ce qui va atteindre la terre habitée, car les puissances des cieux seront ébranlées. ²⁷Alors on verra le Fils de l'homme venant sur une nuée avec beaucoup de puissance et de gloire. ²⁸Quand ces événements commenceront à arriver, regardez en haut et levez la tête, parce que votre rédemption[a] approche.

Parabole du figuier
²⁹Puis il leur dit une parabole° :

– Voyez le figuier et tous les arbres : ³⁰quand ils ont déjà commencé à bourgeonner, en les regardant, vous comprenez de vous-mêmes que déjà l'été est proche. ³¹De même vous aussi, quand vous verrez arriver ces événements, sachez que le royaume de Dieu est proche. ³²En vérité, je vous dis que cette génération ne passera pas, que tout ne soit arrivé. ³³Le ciel et la terre passeront, mais mes paroles ne passeront pas. ³⁴Et prenez garde à vous-mêmes, de peur que vos cœurs ne soient appesantis par la gourmandise, l'ivrognerie et par les soucis de la vie, et que ce jour-là ne tombe sur vous à l'improviste ; car, comme un filet, ³⁵il surprendra tous ceux qui habitent sur la face de toute la terre. ³⁶Veillez donc, priant en tout temps, afin que vous soyez estimés dignes d'échapper à tout ce qui doit arriver, et de vous tenir devant le Fils de l'homme°.

---

a • *c.-à-d.* : votre délivrance.

³⁷Il passait la journée dans le temple, à enseigner, mais il sortait pour passer la nuit sur le mont appelé mont des Oliviers. ³⁸Et tout le peuple, dès le point du jour, venait à lui dans le temple, pour l'entendre.

LA MORT ET LA RÉSURRECTION DE JÉSUS

Complot pour faire mourir Jésus

22 Or la fête des Pains° sans levain, qui est appelée la Pâque°, approchait. ²Les principaux sacrificateurs° et les scribes° cherchaient comment ils pourraient le faire mourir ; car ils craignaient le peuple.

³Et Satan entra dans Judas, appelé Iscariote, qui était du nombre des douze, ⁴et celui-ci alla parler avec les principaux sacrificateurs et les capitaines sur la manière dont il le leur livrerait. ⁵Ils se réjouirent et convinrent de lui donner de l'argent. ⁶Il s'engagea, et cherchait une occasion pour le leur livrer sans que la foule y soit.

Préparation de la pâque

⁷Alors arriva le jour des Pains° sans levain, où il fallait sacrifier la pâque°. ⁸Jésus envoya Pierre et Jean, en leur disant :

– Allez nous préparer la pâque, afin que nous la mangions. ⁹Ils lui dirent :

– Où veux-tu que nous la préparions ? ¹⁰Il leur répondit :

– Voici, quand vous arriverez dans la ville, un homme portant une cruche d'eau viendra à votre rencontre ; suivez-le dans la maison où il entrera. ¹¹Et vous direz au maître de la maison : Le maître° te dit : Où est le logis où je pourrai manger la pâque avec mes disciples ? ¹²Et lui vous montrera, à l'étage, une grande salle garnie ; c'est là que vous ferez les préparatifs.

¹³Ils allèrent et trouvèrent tout comme il leur avait dit ; alors ils préparèrent la pâque.

La pâque

¹⁴Quand l'heure fut venue, il se mit à table, et les douze apôtres° avec lui. ¹⁵Il leur dit :

— J'ai fortement désiré manger cette pâque avec vous, avant que je souffre ; ¹⁶car je vous dis que je n'en mangerai plus jusqu'à ce qu'elle soit accomplie dans le royaume de Dieu.

¹⁷Ayant reçu une coupe, il rendit grâces et dit :

— Prenez ceci et distribuez-le entre vous, ¹⁸car je vous dis que je ne boirai plus du fruit de la vigne, jusqu'à ce que le royaume de Dieu soit venu.

Institution de la Cène

¹⁹Puis, ayant pris un pain, ayant rendu grâces, il le rompit et le leur donna, en disant :

— Ceci est mon corps, qui est donné pour vous ; faites ceci en mémoire de moi ; ²⁰de même la coupe aussi, après le souper, en disant :

— Cette coupe est la nouvelle alliance° en mon sang, qui est versé pour vous. ²¹Mais voici, la main de celui qui me livre est avec moi à table. ²²Et le Fils de l'homme s'en va bien, selon ce qui est déterminé[a] ; mais malheur à cet homme par qui il est livré !

²³Alors ils se mirent à se demander l'un à l'autre qui donc serait celui d'entre eux qui allait faire cela.

Contestation parmi les disciples : qui est le plus grand ?

²⁴Or il s'éleva aussi parmi eux une contestation pour savoir lequel d'entre eux serait estimé le plus grand. ²⁵Il leur dit :

— Les rois des nations les dominent et ceux qui exercent l'autorité sur elles sont appelés bienfaiteurs ; ²⁶il n'en sera pas ainsi de vous ; mais que le plus grand parmi vous soit comme le plus jeune, et celui qui conduit comme celui qui sert. ²⁷En effet, qui est le plus grand, celui qui est à table ou celui qui sert ? N'est-ce pas celui qui est à table ? Or moi, je suis au milieu de vous comme celui qui sert. ²⁸Mais vous, vous êtes ceux qui avez persévéré avec moi dans mes épreuves. ²⁹Et moi, je vous confère un

---

a • établi à l'avance (*dans les desseins de Dieu* : voir Actes 2. 23).

royaume comme mon Père m'en a conféré un, ³⁰afin que vous mangiez et que vous buviez à ma table dans mon royaume, et que vous soyez assis sur des trônes, jugeant les douze tribus d'Israël.

Jésus avertit Pierre qu'il va le renier
³¹ Le Seigneur dit encore :

– Simon, Simon, voici, Satan a demandé à vous avoir pour vous cribler comme le blé ; ³²mais moi, j'ai prié pour toi, afin que ta foi ne défaille pas ; et toi, quand tu seras revenu, fortifie tes frères. ³³Il lui dit :

– Seigneur, avec toi, je suis prêt à aller et en prison et à la mort. ³⁴Mais Jésus dit :

– Pierre, je te le dis, le coq ne chantera pas aujourd'hui, que d'abord tu n'aies, par trois fois, nié me connaître.

Recommandations aux disciples
³⁵Puis il leur dit :

– Quand je vous ai envoyés sans bourse, sans sac et sans sandales, avez-vous manqué de quelque chose ? Ils dirent :

– De rien. ³⁶Il leur dit donc :

– Mais maintenant, que celui qui a une bourse la prenne, et de même celui qui a un sac ; que celui qui n'a pas d'épée vende son vêtement et achète une épée. ³⁷Car je vous dis qu'il faut encore que ce qui est écrit soit accompli en moi : « Il a été compté parmi les iniques ». En effet, ce qui me concerne va s'accomplir. ³⁸Ils dirent :

– Seigneur, voici deux épées. Il leur dit :

– C'est assez.

La prière de Jésus à Gethsémané
³⁹Puis il sortit, alla selon sa coutume au mont des Oliviers, et les disciples le suivirent. ⁴⁰Quand il fut en ce lieu-là, il leur dit :

– Priez que vous n'entriez pas en tentation.

⁴¹Et lui s'éloigna d'eux environ d'un jet de pierre, et s'étant mis à genoux, il priait, disant :

– ⁴²Père, si tu voulais faire passer cette coupe loin de moi! Toutefois, que ce ne soit pas ma volonté mais la tienne qui soit faite.
⁴³Alors lui apparut un ange du ciel, qui le fortifiait. ⁴⁴Étant dans l'angoisse du combat, il priait plus instamment; et sa sueur devint comme des grumeaux de sang qui tombaient sur la terre. ⁴⁵S'étant levé de sa prière, il vint vers les disciples, qu'il trouva endormis de tristesse; ⁴⁶il leur dit:
– Pourquoi dormez-vous? Levez-vous et priez, afin que vous n'entriez pas en tentation.

Jésus trahi et arrêté
⁴⁷Comme il parlait encore, voici une foule; et celui qui s'appelait Judas, l'un des douze, marchait devant eux; il s'approcha de Jésus pour lui donner un baiser. ⁴⁸Jésus lui dit:
– Judas, tu livres le Fils de l'homme par un baiser?
⁴⁹Ceux qui étaient autour de lui, voyant ce qui allait arriver, lui dirent:
– Seigneur, frapperons-nous de l'épée?
⁵⁰L'un d'eux frappa l'esclave du souverain sacrificateur° et lui emporta l'oreille droite. ⁵¹Mais Jésus répondit:
– Laissez; restez-en là!
Et, lui touchant l'oreille, il le guérit. ⁵²Puis Jésus dit aux principaux sacrificateurs°, aux capitaines du temple et aux anciens° qui étaient venus contre lui:
– Êtes-vous sortis comme après un brigand avec des épées et des bâtons? ⁵³Lorsque j'étais tous les jours avec vous dans le temple, vous n'avez pas porté la main sur moi; mais c'est maintenant votre heure et le pouvoir des ténèbres.

Reniement de Pierre
⁵⁴Ils se saisirent de lui, l'emmenèrent et le conduisirent dans la maison du souverain sacrificateur. Or Pierre suivait de loin. ⁵⁵Lorsqu'ils eurent allumé un feu au milieu de la cour et qu'ils se furent assis ensemble, Pierre s'assit au milieu d'eux. ⁵⁶Une servante, le voyant assis près du feu et l'ayant regardé fixement, dit:

– Celui-ci aussi était avec lui. ⁵⁷Mais il le nia :
– Femme, je ne le connais pas.
⁵⁸Peu après, un autre, en le voyant, dit :
– Toi aussi, tu es de ces gens-là. Mais Pierre dit :
– Homme, je n'en suis pas.
⁵⁹Environ une heure après, un autre affirma :
– En vérité, celui-ci aussi était avec lui ; d'ailleurs, il est Galiléen. ⁶⁰Mais Pierre dit :
– Homme, je ne sais pas ce que tu dis.
Et à l'instant, comme il parlait encore, un coq chanta. ⁶¹Le Seigneur, se retournant, regarda Pierre ; et Pierre se ressouvint de la parole du Seigneur, qui lui avait dit : Avant que le coq chante, tu me renieras trois fois. ⁶²Étant sorti dehors, il pleura amèrement.

Jésus injurié et frappé
⁶³Les hommes qui tenaient Jésus se moquaient de lui et le frappaient ; ⁶⁴lui couvrant les yeux, ils l'interrogeaient :
– Prophétise ; qui est celui qui t'a frappé ?
⁶⁵Et ils proféraient contre lui beaucoup d'autres insultes.

Jésus comparaît devant le sanhédrin
⁶⁶Quand le jour fut venu, le Conseil des anciens° du peuple, principaux sacrificateurs° et scribes°, s'assembla ; et ils l'amenèrent dans leur sanhédrin° ⁶⁷en disant :
– Si toi tu es le Christ°, dis-le nous. Il leur dit :
– Si je vous le dis, vous ne le croirez pas ; ⁶⁸et si je vous interroge, vous ne me répondrez pas, ni ne me laisserez partir. ⁶⁹Mais désormais le Fils de l'homme sera assis à la droite de la puissance de Dieu. ⁷⁰Ils dirent tous :
– Toi, tu es donc le Fils de Dieu ? Il leur dit :
– Vous dites vous-mêmes que je le suis. ⁷¹Alors ils dirent :
– Qu'avons-nous encore besoin de témoignage ? Car nous-mêmes nous l'avons entendu de sa bouche.

Première comparution devant Pilate

23 Ils se levèrent tous ensemble et le menèrent à Pilate°. ²Ils se mirent à l'accuser ainsi :

— Nous avons trouvé cet homme pervertissant notre nation et défendant de payer les impôts à César, disant qu'il est lui-même le Christ°, un roi. ³Pilate l'interrogea :

— Toi, tu es le roi des Juifs ? Jésus lui répondit :

— Tu le dis.

⁴Pilate déclara aux principaux sacrificateurs° et aux foules :

— Je ne trouve aucun crime en cet homme. ⁵Mais ils insistaient :

— Il soulève le peuple, en enseignant par toute la Judée°, à partir de la Galilée° jusqu'ici.

⁶Quand Pilate entendit parler de la Galilée, il demanda si l'homme était Galiléen. ⁷Apprenant qu'il était de la juridiction d'Hérode^ᵒ, il le renvoya à Hérode qui, en ces jours-là, était lui-même aussi à Jérusalem.

Comparution devant Hérode

⁸Quand Hérode vit Jésus, il se réjouit beaucoup ; car il y avait longtemps qu'il désirait le voir, parce qu'il avait entendu parler de lui ; et il espérait voir quelque miracle opéré par lui. ⁹Il l'interrogea longuement ; mais Jésus ne lui répondit rien. ¹⁰Les principaux sacrificateurs et les scribes° se tenaient là et l'accusaient avec véhémence. ¹¹Alors Hérode, avec ses troupes, après l'avoir traité avec mépris et s'être moqué de lui, le revêtit d'un vêtement éclatant et le renvoya à Pilate. ¹²Ce même jour, Pilate et Hérode devinrent amis ; car auparavant, il y avait entre eux de l'inimitié.

Seconde comparution devant Pilate : Jésus ou Barabbas ?

¹³Pilate convoqua les principaux sacrificateurs, les chefs et le peuple ¹⁴et leur dit :

— Vous m'avez amené cet homme comme poussant le peuple à la révolte et voici, après l'avoir examiné devant vous, moi je n'ai trouvé dans cet homme aucun crime quant aux choses dont vous

*Pilate l'interrogea : "Toi, tu es le roi des Juifs ?"
Jésus lui répondit : "Tu le dis". (chap. 23. 3)*

l'accusez, ¹⁵ni Hérode non plus, car je vous ai renvoyés à lui ; et voici, rien n'a été fait par lui qui mérite la mort. ¹⁶Donc, après l'avoir châtié, je le relâcherai.
¹⁷Or il était obligé de leur relâcher quelqu'un à la fête. ¹⁸Alors ils s'écrièrent tous ensemble :
— Fais mourir celui-ci, et relâche-nous Barabbas ¹⁹(qui avait été jeté en prison à cause d'une émeute survenue dans la ville et pour meurtre).

²⁰Pilate s'adressa de nouveau à eux, désirant relâcher Jésus. ²¹Mais ils s'écriaient :
– Crucifie, crucifie-le !
²²Il leur dit pour la troisième fois :
– Mais quel mal celui-ci a-t-il fait ? Je n'ai rien trouvé en lui qui mérite la mort ; donc, après l'avoir châtié, je le relâcherai.
²³Mais ils insistaient à grands cris, demandant qu'il soit crucifié. Leurs cris et ceux des principaux sacrificateurs eurent le dessus. ²⁴Alors Pilate décida que leur demande soit satisfaite : ²⁵il relâcha celui qui, pour cause d'émeute et de meurtre, avait été jeté en prison – celui qu'ils demandaient – ; et Jésus, il le livra à leur volonté.

Sur le chemin de Golgotha

²⁶Comme ils l'emmenaient, ils prirent un certain Simon, Cyrénéen, qui venait des champs, et le chargèrent de la croix, pour la porter derrière Jésus. ²⁷Il était suivi par une grande multitude de gens du peuple, et de femmes qui se frappaient la poitrine et menaient deuil sur lui. ²⁸Mais Jésus se tourna vers elles et dit :
– Filles de Jérusalem, ne pleurez pas sur moi ; mais pleurez sur vous-mêmes et sur vos enfants ; ²⁹car voici, des jours viennent où l'on dira : Bienheureuses les stériles, bienheureux les ventres qui n'ont pas enfanté, et les seins qui n'ont pas nourri. ³⁰Alors ils se mettront à dire aux montagnes : Tombez sur nous ; et aux coteaux : ³¹Cachez-nous ; car s'ils font cela au bois vert, qu'arrivera-t-il au bois sec ?
³²Deux autres aussi, qui étaient des malfaiteurs, furent menés avec lui pour être mis à mort.

Jésus est crucifié

³³Quand ils furent venus au lieu appelé Crâne, ils le crucifièrent là, ainsi que les malfaiteurs, l'un à sa droite, l'autre à sa gauche. ³⁴Jésus dit :
– Père, pardonne°-leur, car ils ne savent pas ce qu'ils font.

Puis, ayant fait le partage de ses vêtements, ils tirèrent au sort. ³⁵Le peuple se tenait là et regardait ; les chefs, de leur côté, se raillaient de lui et disaient :

– Il a sauvé les autres ; qu'il se sauve lui-même, si lui est le Christ°, l'élu de Dieu.

³⁶Les soldats aussi se moquaient de lui ; ils s'approchaient et lui présentaient du vinaigre° ³⁷en disant :

– Si toi tu es le roi des Juifs, sauve-toi toi-même.

³⁸Il y avait aussi au-dessus de lui un écriteau en lettres grecques, romaines, et hébraïques : Celui-ci est le roi des Juifs.

Conversion d'un malfaiteur

³⁹L'un des malfaiteurs qui étaient crucifiés l'injuriait en disant :

– N'es-tu pas le Christ, toi ? Sauve-toi toi-même, et nous aussi.

⁴⁰Mais l'autre lui répondit et le reprit :

– Tu ne crains pas Dieu, toi ? Car tu es sous le même jugement. ⁴¹Pour nous, nous y sommes justement, car nous recevons ce que méritent les actes que nous avons commis ; mais celui-ci n'a rien fait qui ne doive pas se faire. ⁴²Et il disait à Jésus :

– Souviens-toi de moi, Seigneur, quand tu viendras dans ton royaume ; ⁴³Jésus lui dit :

– En vérité, je te dis : Aujourd'hui tu seras avec moi dans le paradis.

Jésus meurt sur la croix

⁴⁴C'était environ la sixième heure[a] ; et il y eut des ténèbres sur tout le pays jusqu'à la neuvième heure ; ⁴⁵le soleil fut obscurci, et le voile° du temple° se déchira par le milieu. ⁴⁶Et ayant crié d'une voix forte, Jésus dit :

– Père ! entre tes mains je remets mon esprit.

Ayant dit cela, il expira.

⁴⁷Voyant ce qui était arrivé, le centurion° glorifia Dieu en disant :

– En vérité, cet homme était juste.

---

a • *c.-à-d. : la mi-journée (voir Heure°).*

⁴⁸Et toutes les foules qui s'étaient assemblées à ce spectacle, voyant ce qui était arrivé, s'en retournaient en se frappant la poitrine. ⁴⁹Tous ceux de sa connaissance se tenaient à distance, ainsi que des femmes qui l'avaient accompagné depuis la Galilée° et qui voyaient cela.

Jésus est enseveli dans un tombeau neuf

⁵⁰Or voici, un homme nommé Joseph, qui était conseiller, homme de bien et juste ⁵¹(lui ne s'était pas joint à leur dessein ni à leur action), qui était d'Arimathée, ville des Juifs, et qui attendait, lui aussi, le royaume de Dieu, ⁵²alla trouver Pilate et lui demanda le corps de Jésus. ⁵³Il le descendit, l'enveloppa d'un linceul et le mit dans un tombeau taillé dans le roc, où personne n'avait jamais été déposé. ⁵⁴(C'était le jour de la Préparation° et le crépuscule du sabbat°.) ⁵⁵Les femmes qui avaient accompagné Jésus depuis la Galilée° suivirent ; elles regardèrent le tombeau et comment son corps y avait été déposé. ⁵⁶Puis elles s'en retournèrent et préparèrent des aromates et des parfums ; mais le sabbat, elles se tinrent en repos, selon le commandement.

Jésus est ressuscité

24 Le premier jour de la semaine, de très grand matin, elles vinrent au tombeau, en apportant les aromates qu'elles avaient préparés. ²Elles trouvèrent que la pierre avait été roulée de l'entrée du tombeau. ³Une fois entrées, elles ne trouvèrent pas le corps du Seigneur Jésus. ⁴Et il arriva, comme elles étaient en grande perplexité à ce sujet, que voici, deux hommes se tinrent devant elles, en vêtements éclatants de lumière. ⁵Comme elles étaient épouvantées et baissaient le visage vers la terre, ils leur dirent :

– Pourquoi cherchez-vous parmi les morts celui qui est vivant ? ⁶Il n'est pas ici, mais il est ressuscité. Souvenez-vous de ce qu'il vous a dit quand il était

Luc 24

Elles trouvèrent que la pierre avait été roulée de l'entrée du tombeau. (chap. 24. 2)

encore en Galilée° : ⁷Il faut que le Fils de l'homme soit livré entre les mains des pécheurs°, qu'il soit crucifié et qu'il ressuscite le troisième jour.
⁸Alors elles se souvinrent de ses paroles. ⁹Laissant le tombeau, elles s'en retournèrent et rapportèrent tout cela aux onze et à tous les autres. ¹⁰Ce furent Marie de Magdala, Jeanne, Marie la mère de Jacques, et les autres femmes avec elles, qui dirent cela aux apôtres°. ¹¹Leurs paroles semblèrent à leurs yeux comme des contes, et ils ne les crurent pas. ¹²Mais Pierre se leva et courut au tombeau; il se baisse et ne voit là que les linges; alors il s'en alla chez lui, s'étonnant de ce qui était arrivé.

Sur le chemin d'Emmaüs
¹³Et voici, deux d'entre eux étaient ce même jour en chemin, pour aller à un village dont le nom était Emmaüs, éloigné de Jérusalem de soixante stades[a]. ¹⁴Ils parlaient entre eux de tous ces événements. ¹⁵Il arriva, comme ils s'entretenaient et s'interrogeaient, que Jésus lui-même s'approcha et se mit à marcher avec eux. ¹⁶Mais leurs yeux étaient retenus, de sorte qu'ils ne le reconnurent pas. ¹⁷Alors il leur dit :

---

a • *environ 11 kilomètres; voir Mesures°.*

— Quels sont ces propos que vous échangez en marchant ? Et vous êtes tristes !
¹⁸ L'un d'eux, dont le nom était Cléopas, lui répondit :
— Est-ce que tu séjournes tout seul dans Jérusalem, que tu ne saches pas ce qui y est arrivé ces jours-ci ?
¹⁹ Il leur dit :
— Quoi donc ? Ils lui dirent :
— Ce qui concerne Jésus le Nazaréen ; c'était un prophète puissant en œuvre et en parole devant Dieu et devant tout le peuple, ²⁰ mais les principaux sacrificateurs° et nos chefs l'ont livré pour être condamné à mort et l'ont crucifié. ²¹ Or nous, nous espérions qu'il était celui qui doit délivrer Israël ; mais encore, avec tout cela, c'est aujourd'hui le troisième jour depuis que c'est arrivé. ²² Pourtant, quelques femmes d'entre nous nous ont fortement étonnés ; elles se sont rendues de grand matin au tombeau ²³ et, n'ayant pas trouvé son corps, elles sont venues et ont dit aussi qu'elles avaient eu une vision d'anges qui déclarent qu'il est vivant. ²⁴ Certains des nôtres sont allés au tombeau et ont trouvé les choses absolument comme les femmes les avaient dites ; mais lui, ils ne l'ont pas vu. ²⁵ Alors il leur dit :
— Ô gens sans intelligence et lents de cœur à croire tout ce qu'ont dit les prophètes ! ²⁶ Ne fallait-il pas que le Christ endure ces souffrances et qu'il entre dans sa gloire ?
²⁷ Et commençant par Moïse et par tous les Prophètes, il leur expliquait, dans toutes les Écritures, les choses qui le concernent. ²⁸ Ils approchèrent du village où ils allaient ; lui fit comme s'il allait plus loin. ²⁹ Mais ils le pressèrent, en disant :
— Reste avec nous, car le soir approche et le jour a baissé.
Il entra pour rester avec eux. ³⁰ Et il arriva que, comme il était à table avec eux, il prit le pain et il bénit ; puis il le rompit et le leur distribua. ³¹ Alors leurs yeux furent ouverts et ils le reconnurent ; mais lui devint invisible et disparut de devant eux. ³² Ils se dirent l'un à l'autre :

– Notre cœur ne brûlait-il pas au-dedans de nous, lorsqu'il nous parlait en chemin, et qu'il nous ouvrait les Écritures ?

³³ Se levant à l'heure même, ils retournèrent à Jérusalem ; ils trouvèrent assemblés les onze et leurs compagnons, qui disaient :

– ³⁴ Le Seigneur est réellement ressuscité, et il est apparu à Simon.

³⁵ Eux-mêmes racontèrent ce qui leur était arrivé en chemin et comment il s'était fait connaître à eux dans la fraction du pain.

Jésus vient au milieu des disciples

³⁶ Comme ils disaient cela, Jésus se tint lui-même au milieu d'eux et leur dit :

– Paix à vous !

³⁷ Et eux, tout effrayés et remplis de crainte, croyaient voir un esprit. ³⁸ Mais il leur dit :

– Pourquoi êtes-vous troublés, et pourquoi des raisonnements s'élèvent-ils dans vos cœurs ? ³⁹ Voyez mes mains et mes pieds : c'est moi-même ! Touchez-moi et voyez : un esprit n'a pas de la chair et des os, comme vous constatez que j'ai.

⁴⁰ En disant cela, il leur montra ses mains et ses pieds. ⁴¹ Et comme, de joie, ils ne croyaient pas encore et s'étonnaient, il leur dit :

– Avez-vous ici quelque chose à manger ?

⁴² Ils lui donnèrent un morceau de poisson cuit et quelque peu d'un rayon de miel ; ⁴³ il le prit et en mangea devant eux.

Nouvelle mission confiée aux onze

⁴⁴ Il leur dit :

– Telles sont les paroles que je vous disais quand j'étais encore avec vous : il fallait que soit accompli tout ce qui est écrit de moi dans la loi de Moïse, dans les Prophètes et dans les Psaumes.

⁴⁵ Alors il leur ouvrit l'intelligence pour comprendre les Écritures. ⁴⁶ Et il leur dit :

– Il est ainsi écrit ; et ainsi il fallait que le Christ souffre, qu'il ressuscite d'entre les morts le troisième jour, ⁴⁷ et que la repentance° et la rémission° des péchés soient prêchées en son nom à toutes les nations, en commençant par Jérusalem. ⁴⁸Vous, vous êtes témoins de tout cela ; ⁴⁹et voici, moi, j'envoie sur vous la promesse de mon Père. Mais vous, demeurez dans la ville, jusqu'à ce que vous soyez revêtus de puissance d'en haut.

L'Ascension : Jésus est élevé au ciel
⁵⁰Il les mena dehors jusque vers Béthanie, puis, levant les mains en haut, il les bénit. ⁵¹Et il arriva qu'en les bénissant il fut séparé d'eux et fut élevé dans le ciel. ⁵²Eux, après lui avoir rendu hommage, s'en retournèrent à Jérusalem avec une grande joie. ⁵³Et ils étaient continuellement dans le temple, louant et bénissant Dieu.

ACTES DES APÔTRES

LES DÉBUTS DE L'ASSEMBLÉE CHRÉTIENNE À JÉRUSALEM

Une mission : évangéliser le monde – une promesse : la venue du Saint Esprit

1 J'ai composé le premier récit[a], Théophile, sur tout ce que Jésus commença de faire et d'enseigner, ²jusqu'au jour où il fut élevé au ciel, après avoir donné, par l'Esprit Saint°, des ordres aux apôtres° qu'il avait choisis ; ³à qui aussi, après avoir souffert, il se présenta lui-même, vivant, avec beaucoup de preuves certaines : pendant quarante jours, il se montra à eux et leur parla de ce qui concerne le royaume de Dieu. ⁴Alors qu'il se trouvait avec eux, il leur commanda de ne pas s'éloigner de Jérusalem, mais d'attendre la promesse du Père, promesse – dit-il – que vous avez entendue de moi : ⁵car Jean a baptisé avec de l'eau ; mais vous, vous serez baptisés de[b] l'Esprit Saint dans peu de jours.

⁶Étant donc assemblés, ils l'interrogèrent :

– Seigneur, est-ce en ce temps-ci que tu rétablis le royaume pour Israël ? ⁷Il leur dit :

– Ce n'est pas à vous de connaître les temps ou les saisons[c] que le Père a réservés à sa propre autorité ; ⁸mais vous recevrez de la puissance, le Saint Esprit° venant sur vous ; et vous serez mes témoins à Jérusalem et dans toute la Judée° et la Samarie°, et jusqu'au bout de la terre.

Jésus élevé au ciel

⁹Après avoir dit ces paroles, il fut élevé de la terre, tandis qu'ils regardaient : une nuée le reçut et le déroba à leurs yeux.

---

a• discours, ouvrage. *Ce premier récit est l'évangile selon Luc (voir Luc 1. 1-4). Le livre des Actes des Apôtres, écrit par le même auteur, y fait suite (comp. Actes 1. 1-5 et Luc 24. 48, 49).* — b• dans (la puissance de). — c• *ou :* circonstances.

¹⁰Comme ils fixaient leurs regards vers le ciel, tandis qu'il s'en allait, voici, deux hommes en vêtements blancs se tenaient là, à côté d'eux :

¹¹– Hommes galiléens°, dirent-ils, pourquoi restez-vous ici, regardant vers le ciel ? Ce Jésus, qui a été élevé d'avec vous au ciel, viendra de la même manière que vous l'avez vu s'en aller au ciel.

Réunions de prière dans la chambre haute

¹²Alors ils retournèrent à Jérusalem, du mont appelé mont des Oliviers, qui est près de Jérusalem, le chemin d'un sabbat°ᵃ. ¹³Quand ils furent entrés dans la ville, ils montèrent dans la chambre haute où demeuraient Pierre, Jean, Jacques° et André, Philippe et Thomas, Barthélemy et Matthieu, Jacques▫ fils d'Alphée et Simon Zélote°, ainsi que Jude° frère de Jacques. ¹⁴Tous ceux-ci persévéraient d'un commun accord dans la prière, avec quelques femmes, et Marie la mère de Jésus, et avec ses frères.

Premier discours de Pierre –
Matthias choisi pour remplacer Judas

¹⁵En ces jours-là, Pierre se leva au milieu des disciples (il y avait environ cent vingt personnes réunies), et dit :

– ¹⁶Frères, il fallait que soit accomplie l'Écriture que l'Esprit Saint a dite à l'avance par la bouche de David au sujet de Judas, qui a été le guide de ceux qui ont pris Jésus ; ¹⁷car il était compté parmi nous et il avait reçu sa part de ce service. ¹⁸(Cet homme, donc, avait acquis un champ avec le salaire de l'iniquitéᵇ ; puis il est tombé la tête la première, s'est déchiré par le milieu et toutes ses entrailles ont été répandues. ¹⁹C'est un fait bien connu de tous les habitants de Jérusalem, au point que ce champ-là a été appelé dans leur propre langue : Aceldama, c'est-à-dire champ de sang.) ²⁰Or il est écrit dans le livre des Psaumes : « Que sa demeure soit déserte, et que personne n'y habite », puis encore : « Qu'un

---

a • *distance que les Juifs s'autorisaient à parcourir ce jour-là (moins d'un km).* –
b • *l'argent reçu par Judas pour sa trahison.*

autre prenne sa charge de surveillant». ²¹Il faut donc que, parmi les hommes qui nous ont accompagnés pendant tout le temps où le Seigneur Jésus allait et venait au milieu de nous, ²²depuis le baptême de Jean jusqu'au jour où il a été élevé au ciel d'avec nous, l'un d'eux soit témoin avec nous de sa résurrection.

²³Ils en mirent deux sur les rangs : Joseph, nommé Barsabbas, qui était aussi appelé Juste, et Matthias. ²⁴Puis ils prièrent :

– Toi, Seigneur, qui connais les cœurs de tous, montre lequel des deux tu as choisi ²⁵pour recevoir sa place dans ce service et cet apostolat dont Judas est déchu pour aller dans la place qui est la sienne.

²⁶Ils tirèrent au sort; et le sort tomba sur Matthias, qui fut adjoint aux onze apôtres.

La Pentecôte : le Saint Esprit descend du ciel

2 Alors que le jour de la Pentecôte avait son accomplissement, ils étaient tous ensemble dans un même lieu. ²Et il vint tout à coup du ciel un son, comme d'un souffle violent et impétueux, qui remplit toute la maison où ils étaient. ³Et il leur apparut des langues divisées, comme des flammes de feu; elles se posèrent sur chacun d'eux. ⁴Alors ils furent tous remplis de l'Esprit Saint° et commencèrent à parler en d'autres langues, selon que l'Esprit leur donnait de s'exprimer.

⁵Or il y avait, séjournant à Jérusalem, des Juifs, hommes pieux, appartenant à toutes les nations qui sont sous le ciel. ⁶Au bruit qui se répandit, la multitude s'assembla et fut bouleversée, parce que chacun les entendait parler dans sa propre langue. ⁷Ils étaient stupéfaits et, dans leur étonnement, disaient :

– Voici, tous ces gens qui parlent ne sont-ils pas des Galiléens° ? ⁸Et comment se fait-il que nous les entendions, chacun dans sa propre langue, celle du pays où nous sommes nés ? ⁹Parthes, Mèdes, Élamites, nous qui habitons la Mésopotamie, la Judée° et la Cappadoce°, le Pont° et l'Asie°, ¹⁰la Phrygie° et

Alors Pierre, debout avec les onze, éleva la voix et leur déclara : "Hommes juifs, et vous tous qui habitez Jérusalem, sachez ceci et prêtez l'oreille à mes paroles..." (chap. 2. 14)

la Pamphylie°, l'Égypte et la région de la Libye voisine de Cyrène, et nous, Romains qui séjournons ici, ¹¹aussi bien Juifs que prosélytes°, Crétois et Arabes, – nous les entendons annoncer dans nos langues les choses magnifiques de Dieu.
¹²Ils étaient tous stupéfaits et, dans leur perplexité, ils se disaient l'un à l'autre :
– Qu'est-ce que cela veut dire ?
¹³D'autres disaient en se moquant :
– Ils sont pleins de vin doux.

Deuxième discours de Pierre
¹⁴Alors Pierre, debout avec les onze, éleva la voix et leur déclara :
– Hommes juifs, et vous tous qui habitez Jérusalem, sachez ceci et prêtez l'oreille à mes paroles : ¹⁵Non, ils ne sont pas ivres, comme vous le supposez, car c'est la troisième heure du jour[a] ; ¹⁶mais c'est ce qui a été déclaré par le prophète Joël : ¹⁷« Il arrivera aux derniers jours, dit Dieu, que je répandrai de mon Esprit sur toute chair° : vos fils et vos filles prophétiseront, vos jeunes hommes auront des visions, et vos vieillards auront des songes ; ¹⁸sur mes

---

a • *le milieu de la matinée, vers 9 heures ; voir Heure°.*

serviteurs et sur mes servantes, en ces jours-là, je répandrai de mon Esprit, et ils prophétiseront. ¹⁹Je montrerai des prodiges en haut dans le ciel, des signes en bas sur la terre, du sang, du feu et une vapeur de fumée ; ²⁰le soleil sera changé en ténèbres et la lune en sang, avant que vienne la journée du Seigneur*, grande et éclatante. ²¹Et il arrivera que quiconque invoquera le nom du Seigneur* sera sauvé».
²²Israélites, écoutez ces paroles : Jésus le Nazaréen, homme qui a été accrédité de la part de Dieu devant vous par les miracles, les prodiges et les signes que Dieu a faits par lui au milieu de vous, comme vous-mêmes vous le savez, ²³lui – qui a été livré selon le dessein arrêté et la préconnaissance de Dieu – vous l'avez cloué à une croix et vous l'avez fait périr par la main d'hommes iniques. ²⁴Lui, Dieu l'a ressuscité, en déliant les douleurs de la mort, puisqu'il n'était pas possible qu'il soit retenu par elle. ²⁵David dit en effet à son égard : «Je contemplais toujours le Seigneur* devant moi ; car il est à ma droite, afin que je ne sois pas ébranlé. ²⁶C'est pourquoi mon cœur s'est réjoui, et ma langue a tressailli de joie ; et plus encore, mon corps aussi reposera en espérance ; ²⁷car tu ne laisseras pas mon âme en hadès° et tu ne permettras pas que ton Saint voie la corruption. ²⁸Tu m'as fait connaître les chemins de la vie, tu me rempliras de joie par le regard de ta face».
²⁹Frères, s'il m'est permis de vous le dire en toute liberté, au sujet du patriarche David : il est mort, il a été enseveli, et son tombeau est au milieu de nous jusqu'à ce jour. ³⁰Comme il était prophète et savait que Dieu lui avait juré, avec serment, qu'il ferait asseoir quelqu'un de sa descendance sur son trône, ³¹il a dit de la résurrection du Christ°, en la prévoyant, qu'il n'a pas été laissé en hadès° et que sa chair° non plus n'a pas vu la corruption. ³²Ce Jésus, Dieu l'a ressuscité : nous en sommes tous témoins. ³³Ainsi, après avoir été exalté par la droite de Dieu et avoir reçu de la part du Père l'Esprit Saint promis, il a répandu ce que vous voyez et entendez. ³⁴Car David n'est pas monté dans les cieux ; mais lui-même dit : «Le Seigneur* a dit à mon Seigneur :

³⁵ Assieds-toi à ma droite, jusqu'à ce que j'aie mis tes ennemis pour marchepied de tes pieds ». ³⁶ Que toute la maison d'Israël le sache donc avec certitude : Dieu a fait et Seigneur et Christ° ce Jésus que vous avez crucifié.

³⁷ Quand ils entendirent ces paroles, ils eurent le cœur transpercé et dirent à Pierre et aux autres apôtres° :

– Frères, que devons-nous faire ? ³⁸ Pierre leur dit :

– Repentez-vous°, et que chacun de vous soit baptisé au nom de Jésus Christ, pour le pardon° de ses péchés ; et vous recevrez le don du Saint Esprit° : ³⁹ car c'est pour vous qu'est la promesse, pour vos enfants et pour tous ceux qui sont loin, autant que le Seigneur* notre Dieu en appellera à lui.

⁴⁰ Par plusieurs autres paroles, il les avertissait solennellement et les exhortait ; il disait :

– Sauvez-vous de cette génération perverse.

⁴¹ Ceux qui reçurent sa parole furent baptisés ; et en ce jour-là furent ajoutées environ trois mille âmes.

La première assemblée chrétienne

⁴² Ils persévéraient dans la doctrine° et la communion des apôtres, dans la fraction du pain et les prières. ⁴³ Toute âme avait de la crainte° ; et beaucoup de prodiges et de miracles se faisaient par le moyen des apôtres. ⁴⁴ Tous les croyants étaient dans le même lieu et ils avaient tout en commun ; ⁴⁵ ils vendaient leurs possessions et leurs biens et les distribuaient à tous, selon les besoins de chacun. ⁴⁶ Jour après jour, ils persévéraient d'un commun accord dans le temple ; et, rompant le pain dans leurs maisons, ils prenaient leur nourriture avec joie et simplicité de cœur ; ⁴⁷ ils louaient Dieu et avaient la faveur de tout le peuple. Et le Seigneur ajoutait tous les jours à l'assemblée ceux qui étaient sauvés.

Pierre guérit un infirme, au nom de Jésus Christ

3 Pierre et Jean montaient au temple à l'heure de la prière, la neuvième[a], ²au moment où l'on portait un homme infirme de naissance, qu'on installait tous les jours à la porte du temple appelée la Belle, pour demander l'aumône à ceux qui entraient dans le temple. ³Voyant Pierre et Jean sur le point d'entrer dans le temple, il leur demandait l'aumône. ⁴Mais Pierre fixa les yeux sur lui, ainsi que Jean, et dit :

– Regarde-nous.

⁵Il les regardait attentivement, s'attendant à recevoir d'eux quelque chose. ⁶Mais Pierre dit :

– Je ne possède ni argent ni or, mais ce que j'ai, je te le donne : Au nom de Jésus Christ° le Nazaréen, lève-toi et marche.

⁷Puis il le saisit par la main droite et le fit lever : à l'instant, ses pieds et ses chevilles devinrent fermes ; ⁸d'un bond il fut debout et se mit à marcher ; il entra avec eux au temple, marchant, sautant et louant Dieu. ⁹Tout le peuple le vit marcher et louer Dieu ; ¹⁰on le reconnaissait : c'était bien lui qui était assis, pour demander l'aumône, à la Belle porte du temple ; alors ils furent remplis de stupeur et d'un profond étonnement à cause de ce qui lui était arrivé. ¹¹Comme lui ne quittait pas Pierre et Jean, tout le peuple, stupéfait, accourut vers eux au portique° appelé portique de Salomon.

Troisième discours de Pierre

¹²Voyant cela, Pierre s'adressa au peuple :

– Israélites, pourquoi vous étonnez-vous de cela ? Ou pourquoi fixez-vous les yeux sur nous, comme si c'était par notre propre puissance ou par notre piété que nous ayons fait marcher cet homme ? ¹³Le Dieu d'Abraham, d'Isaac et de Jacob, le Dieu de nos pères°, a glorifié son Serviteur Jésus, que vous, vous avez livré, et que vous avez renié devant Pilate°, alors qu'il avait décidé de le relâcher. ¹⁴Mais vous, vous avez renié le Saint et le Juste, et vous avez

---

a • *au milieu de l'après-midi, vers 15 heures ; voir* Heure°.

demandé qu'on vous accorde la grâce d'un meurtrier ; ¹⁵vous avez mis à mort le Prince[a] de la vie, lui que Dieu a ressuscité d'entre les morts : nous en sommes témoins. ¹⁶Par la foi en son nom, à cet homme que vous voyez et connaissez, ce nom a rendu la vigueur ; et la foi, qui est par Jésus, a donné à celui-ci cette entière disposition de tous ses membres, en présence de vous tous.

¹⁷Maintenant, frères, je sais que vous avez agi par ignorance, comme aussi vos chefs ; ¹⁸mais Dieu a ainsi accompli ce qu'il avait déclaré auparavant par la bouche de tous les prophètes – que son Christ devait souffrir. ¹⁹Repentez-vous° donc et convertissez-vous[b], pour que vos péchés soient effacés : qu'ainsi des temps° de rafraîchissement puissent venir du Seigneur*, ²⁰et qu'il envoie Jésus Christ, celui qui vous est destiné ; ²¹lui, il faut que le ciel le reçoive, jusqu'aux temps° du rétablissement de toutes choses dont Dieu a parlé par la bouche de ses saints prophètes de tout temps. ²²Moïse, d'abord, a dit : « Le Seigneur*, votre Dieu, vous suscitera d'entre vos frères un prophète comme moi ; vous l'écouterez dans tout ce qu'il vous dira ; ²³et il arrivera que toute âme qui n'écoutera pas ce prophète sera exterminée du milieu du peuple ». ²⁴Ensuite tous les prophètes, depuis Samuel et ceux qui sont venus après lui, tous ceux qui ont parlé, ont aussi annoncé ces jours-là. ²⁵Vous, vous êtes les fils des prophètes et de l'alliance° que Dieu a établie avec nos pères° en disant à Abraham : « En ta descendance seront bénies toutes les familles de la terre ». ²⁶C'est à vous d'abord que Dieu, qui a suscité son Serviteur, l'a envoyé pour vous bénir, en détournant chacun de vous de ses méchancetés.

---

a • *au sens de :* Auteur, initiateur. — b • *ce verbe signifie :* faire volte-face, se retourner.

Ils mirent les mains sur eux et les firent garder jusqu'au lendemain. (chap. 4. 3)

Pierre et Jean devant le sanhédrin

4 Mais comme ils parlaient au peuple, survinrent les sacrificateurs°, le commandant du temple et les sadducéens°, ²fort mécontents qu'ils enseignent le peuple et annoncent par Jésus la résurrection d'entre les morts. ³Ils mirent les mains sur eux et les firent garder jusqu'au lendemain, car c'était déjà le soir. ⁴Mais beaucoup de ceux qui avaient entendu la parole crurent ; et le nombre des hommes s'éleva à environ cinq mille.

⁵Il arriva, le lendemain, que leurs chefs, leurs anciens° et leurs scribes° s'assemblèrent à Jérusalem, avec ⁶Anne[a] le souverain sacrificateur°, Caïphe, Jean, Alexandre et tous ceux qui étaient de la lignée des principaux sacrificateurs°. ⁷Ils les firent comparaître et se mirent à les questionner :

– Par quelle puissance ou par quel nom avez-vous fait cela ? ⁸Alors Pierre, rempli de l'Esprit Saint°, leur répondit :

– Chefs du peuple et anciens d'Israël, ⁹si aujourd'hui nous sommes interrogés au sujet du bien qui a été fait à un homme impotent, et qu'on veuille apprendre comment il a été guéri, ¹⁰qu'il soit bien

---

a • *ici : prénom masculin.*

certain, pour vous tous et pour tout le peuple d'Israël, que c'est par le nom de Jésus Christ° le Nazaréen, lui que vous, vous avez crucifié, et que Dieu a ressuscité d'entre les morts ; c'est, dis-je, par ce nom que cet homme est ici devant vous plein de santé. ¹¹C'est Lui la pierre, méprisée par vous les bâtisseurs, qui est devenue la pierre maîtresse de l'angle ; ¹²et il n'y a de salut° en aucun autre ; car il n'y a pas non plus sous le ciel d'autre nom qui soit donné parmi les hommes, par lequel il nous faut être sauvés.

¹³Considérant la hardiesse de Pierre et de Jean, et s'étant aperçus que c'étaient des hommes sans instruction et du commun, ils s'en étonnaient, et ils les reconnaissaient pour avoir été avec Jésus. ¹⁴Mais voyant là debout avec eux l'homme qui avait été guéri, ils n'avaient rien à opposer. ¹⁵Après leur avoir ordonné de sortir du sanhédrin°, ils se concertèrent :

– ¹⁶Que devons-nous faire à ces hommes ? disaient-ils. Car il est évident pour tous les habitants de Jérusalem qu'un miracle notoire a été fait par eux, et nous ne pouvons pas le nier ; ¹⁷mais afin que cela ne se répande pas davantage parmi le peuple, défendons-leur avec menaces de parler désormais en ce nom à qui que ce soit.

¹⁸Ils les rappelèrent et leur interdirent formellement de parler et d'enseigner au nom de Jésus. ¹⁹Mais Pierre et Jean leur répondirent :

– Jugez s'il est juste devant Dieu de vous écouter plutôt que Dieu. ²⁰Quant à nous, nous ne pouvons pas ne pas parler de ce que nous avons vu et entendu.

²¹Après les avoir menacés, ils les relâchèrent, ne trouvant pas comment ils pourraient les punir, à cause du peuple, parce que tous glorifiaient Dieu pour ce qui avait été fait. ²²Car l'homme sur qui avait été opérée cette miraculeuse guérison avait plus de quarante ans.

L'assemblée chrétienne en prière

²³Une fois relâchés, ils allèrent vers les leurs et rapportèrent tout ce que les principaux sacrificateurs° et les anciens° leur avaient dit. ²⁴Ayant entendu cela, ils élevèrent d'un commun accord leur voix à Dieu et dirent :

– Ô Souverain ! C'est toi qui as fait le ciel, la terre, la mer et tout ce qui s'y trouve ; ²⁵qui as dit, par la bouche de David ton serviteur : « Pourquoi se sont déchaînées les nations°, et les peuples ont-ils projeté des choses vaines ? ²⁶Les rois de la terre se sont trouvés là et les chefs se sont assemblés, contre le Seigneur* et contre son Christ° ». ²⁷Oui, en vérité, se sont assemblés dans cette ville, contre ton saint Serviteur Jésus que tu as oint, aussi bien Hérode° que Ponce Pilate°, avec les nations° et les tribus d'Israël, ²⁸pour faire tout ce que ta main et ton dessein avaient déterminé à l'avance. ²⁹Et maintenant, Seigneur, regarde à leurs menaces et donne à tes esclaves d'annoncer ta parole avec toute hardiesse, ³⁰en étendant ta main pour guérir, et pour qu'il se fasse des miracles et des prodiges par le nom de ton saint Serviteur Jésus.

³¹Et comme ils priaient, le lieu où ils étaient assemblés fut ébranlé ; ils furent tous remplis du Saint Esprit et annonçaient la parole de Dieu avec hardiesse.

Ils mettent leurs biens en commun

³²La multitude de ceux qui avaient cru était un cœur et une âme ; et personne ne disait d'aucun de ses biens qu'il lui appartenait en propre ; mais tout était commun entre eux. ³³Les apôtres° rendaient avec une grande puissance le témoignage de la résurrection du Seigneur Jésus ; et une grande grâce était sur eux tous. ³⁴Car il n'y avait parmi eux aucune personne nécessiteuse : tous ceux qui possédaient terres ou maisons les vendaient, et ils apportaient le prix de ce qu'ils avaient vendu ; ³⁵ils le mettaient aux pieds des apôtres et on distribuait à chacun selon ses besoins. ³⁶Joseph, qui, par les apôtres, fut surnommé Barnabas (ce qui veut dire : fils de consolation), lévite°, originaire de Chypre, ³⁷avait un

champ ; il le vendit, en apporta la valeur et la mit aux pieds des apôtres.

Ananias et Sapphira mentent au Saint Esprit

5 Mais un homme nommé Ananias, d'accord avec sa femme Sapphira, vendit une possession ²et, de connivence avec elle, mit de côté une partie du prix ; puis il apporta l'autre partie et la mit aux pieds des apôtres. ³Mais Pierre dit :

– Ananias, pourquoi Satan a-t-il rempli ton cœur, que tu aies menti à l'Esprit Saint° et que tu aies mis de côté une partie du prix de la terre ? ⁴Si elle était restée sans être vendue, ne la gardais-tu pas ? Et une fois vendue, ne disposais-tu pas de l'argent ? Comment t'es-tu proposé cette action dans ton cœur ? Ce n'est pas aux hommes que tu as menti, mais à Dieu.
⁵En entendant ces paroles, Ananias tomba et expira. Une grande crainte s'empara de tous ceux qui l'apprirent. ⁶Les jeunes gens se levèrent, l'enveloppèrent d'un linceul, l'emportèrent dehors et l'ensevelirent. ⁷Il arriva, environ trois heures après, que sa femme, sans savoir ce qui s'était passé, entra ; ⁸Pierre lui adressa la parole :

– Dis-moi, avez-vous cédé la terre pour telle somme ? Elle dit :

– Oui, pour cette somme. ⁹Pierre lui dit :

– Comment êtes-vous convenus entre vous de tenter l'Esprit du Seigneur* ? Voici, les pieds de ceux qui ont enseveli ton mari sont à la porte et ils t'emporteront aussi.
¹⁰À l'instant, elle tomba à ses pieds et expira. Les jeunes gens, en entrant, la trouvèrent morte ; ils l'emportèrent et l'ensevelirent auprès de son mari.
¹¹Une grande crainte s'empara alors de toute l'assemblée° et de tous ceux qui apprirent cela.

Nombreux miracles

¹²Par les mains des apôtres, beaucoup de miracles et de prodiges s'opéraient parmi le peuple (ils étaient tous d'un commun accord au portique° de Salomon, ¹³et aucun des autres n'osait se joindre à eux,

mais le peuple les louait hautement, ¹⁴et des croyants d'autant plus nombreux étaient ajoutés au Seigneur, une multitude aussi bien d'hommes que de femmes), ¹⁵de sorte qu'on apportait les infirmes dehors dans les rues : on les mettait sur de petits lits et sur des brancards, afin que, quand Pierre viendrait, au moins son ombre passe sur l'un d'eux. ¹⁶La multitude venue des villes d'alentour s'assemblait aussi à Jérusalem : on apportait les infirmes et ceux qui étaient tourmentés par des esprits impurs°, et ils étaient tous guéris.

Les apôtres mis prison puis libérés par un ange
¹⁷Alors intervint le souverain sacrificateur°, ainsi que ceux qui étaient avec lui, c'est-à-dire la secte[a] des sadducéens° ; remplis de jalousie, ¹⁸ils mirent les mains sur les apôtres° et les jetèrent dans la prison publique. ¹⁹Mais un ange du Seigneur* ouvrit de nuit les portes de la prison, les conduisit dehors et dit :

– ²⁰Allez, tenez-vous dans le temple et annoncez au peuple toutes ces paroles de vie.

Les apôtres à nouveau devant le sanhédrin
²¹L'ayant écouté, ils entrèrent, vers le point du jour, dans le temple, et ils enseignaient.

Le souverain sacrificateur arriva, ainsi que ceux qui étaient avec lui ; ils assemblèrent le sanhédrin° et tous les anciens° des fils d'Israël, puis ils envoyèrent chercher les apôtres à la prison. ²²Quand les gardes y arrivèrent, ils ne les trouvèrent pas dans la prison ; ils s'en retournèrent et firent leur rapport :

– ²³Nous avons trouvé la prison fermée avec toute sûreté et les gardiens en faction aux portes ; mais, après avoir ouvert, nous n'avons trouvé personne à l'intérieur.

²⁴Quand le commandant du temple et les principaux sacrificateurs° eurent entendu ces paroles, ils furent perplexes à leur sujet, se demandant ce qu'il en adviendrait. ²⁵Mais quelqu'un vint leur annoncer :

---

a • ou : le parti.

— Voici, les hommes que vous avez mis en prison se trouvent au temple et enseignent le peuple !
²⁶ Alors le commandant y alla, avec les gardes, et les amena, mais sans violence ; car ils craignaient d'être lapidés par le peuple.
²⁷ Après les avoir amenés, ils les présentèrent devant le sanhédrin°. Le souverain sacrificateur° les interrogea :
— ²⁸ Nous vous avons formellement défendu d'enseigner en ce nom-là, et voici, vous avez rempli Jérusalem de votre doctrine° ; vous voulez faire venir sur nous le sang de cet homme ! ²⁹ Mais Pierre et les apôtres répondirent :
— Il faut obéir à Dieu plutôt qu'aux hommes. ³⁰ Le Dieu de nos pères° a ressuscité Jésus que vous, vous avez fait mourir, le pendant au bois. ³¹ C'est lui que Dieu a exalté par sa droite Prince et Sauveur, afin de donner à Israël la repentance° et le pardon des péchés ; ³² et nous, nous sommes témoins de ces choses, ainsi que l'Esprit Saint que Dieu a donné à ceux qui lui obéissent.

Conseil de Gamaliel

³³ A ces paroles, ils frémissaient de rage et projetaient de les faire mourir. ³⁴ Mais un pharisien° nommé Gamaliel, docteur° de la Loi, honoré de tout le peuple, se leva dans le sanhédrin° et donna l'ordre de faire sortir les apôtres pour un moment. ³⁵ Puis il dit :
— Israélites, prenez bien garde à ce que vous allez faire à ces gens. ³⁶ Car avant ces jours-ci se leva Theudas, qui prétendait être quelqu'un ; environ quatre cents hommes se joignirent à lui, mais il fut tué, et tous ceux qui lui obéissaient furent mis en déroute et réduits à rien. ³⁷ Après lui s'éleva Judas le Galiléen, à l'époque du recensement : il entraîna à la révolte beaucoup de gens derrière lui ; lui aussi a péri, et tous ceux qui lui obéissaient furent dispersés. ³⁸ Maintenant je vous dis : Ne vous occupez plus de ces hommes et laissez-les — car si ce dessein, ou cette œuvre, provient des hommes, cela sera détruit,

³⁹mais si cela provient de Dieu, vous ne pourrez pas les détruire – de peur que vous ne soyez même trouvés faire la guerre à Dieu.

Ils se rangèrent à son avis. ⁴⁰Ils firent revenir les apôtres, leur défendirent, après les avoir battus, de parler au nom de Jésus ; puis ils les relâchèrent. ⁴¹Eux donc quittèrent le sanhédrin en se réjouissant d'avoir été estimés dignes de souffrir des outrages pour le Nom ; ⁴²et tous les jours ils ne cessaient d'enseigner et d'annoncer Jésus comme le Christ°, dans le temple et de maison en maison.

Murmures dans l'assemblée –
Sept hommes choisis pour servir

6 En ces jours-là, comme le nombre des disciples se multipliait, il y eut des murmures de la part des Hellénistes° contre les Hébreux, parce que, dans le service journalier, leurs veuves étaient négligées. ²Les douze[a] convoquèrent l'ensemble des disciples et dirent :

– Il ne convient pas que, laissant la parole de Dieu, nous servions aux tables. ³Cherchez donc parmi vous, frères, sept hommes qui aient un bon témoignage, pleins de l'Esprit Saint° et de sagesse : nous les établirons dans cette charge. ⁴Quant à nous, nous persévérerons dans la prière et dans le service de la Parole.

⁵Ce discours plut à toute l'assistance ; ils choisirent Étienne, homme plein de foi et de l'Esprit Saint, Philippe, Prochore, Nicanor, Timon, Parménas et Nicolas, prosélyte° d'Antioche, ⁶qu'ils présentèrent aux apôtres° ; après avoir prié, ceux-ci leur imposèrent les mains.

⁷La parole de Dieu croissait, le nombre des disciples se multipliait beaucoup dans Jérusalem, et une grande foule de sacrificateurs° obéissait à la foi.

---

a • *c.-à-d. les apôtres° ; voir* Actes 1. 13, 21-26.

Étienne accusé de blasphème

⁸Or Étienne, plein de grâce et de puissance, faisait parmi le peuple des prodiges et de grands miracles. ⁹Certains de la synagogue° dite des Affranchis, ainsi que des Cyrénéens, des Alexandrins[a] et des gens de Cilicie° et d'Asie° entrèrent en discussion avec Étienne. ¹⁰Mais ils ne pouvaient pas résister à la sagesse et à l'Esprit par lesquels il parlait. ¹¹Alors ils soudoyèrent des hommes qui disaient :

– Nous l'avons entendu proférer des paroles blasphématoires contre Moïse et contre Dieu.

¹²Ils soulevèrent le peuple, les anciens° et les scribes° ; survenant soudain, ils le saisirent et l'amenèrent devant le sanhédrin°. ¹³Puis ils présentèrent de faux témoins qui disaient :

– Cet homme ne cesse de proférer des paroles contre le saint lieu et contre la Loi[b] : ¹⁴nous l'avons entendu dire que ce Jésus le Nazaréen détruira ce lieu-ci et changera les coutumes que Moïse nous a transmises.

¹⁵Et tous ceux qui siégeaient au sanhédrin°, les yeux fixés sur lui, virent son visage comme un visage d'ange.

Le discours d'Étienne : les promesses de Dieu à Abraham

7 Le souverain sacrificateur° dit alors :

– En est-il vraiment ainsi ? ²Étienne répondit :

– Frères et pères, écoutez : Le Dieu de gloire apparut à notre père Abraham, quand il était en Mésopotamie avant d'habiter à Charran, ³et il lui dit : Sors de ton pays et de ta parenté, et viens dans le pays que je te montrerai. ⁴Il sortit alors du pays des Chaldéens, il habita à Charran ; de là, après la mort de son père, Dieu le fit passer dans ce pays où vous habitez maintenant. ⁵Il ne lui donna pas d'héritage dans ce pays, pas même où poser le pied, mais il lui promit de le lui donner en possession, et à sa descendance après lui, alors qu'il n'avait pas d'enfant.

---

a • *originaires de Cyrène en Libye (Tripolitaine) et d'Alexandrie en Égypte.*

b • *c.-à-d. : le temple° de Jérusalem et la loi de Moïse.*

⁶Dieu parla ainsi : « Sa descendance séjournera dans une terre étrangère, et on l'asservira et on la maltraitera pendant quatre cents ans ; ⁷mais moi je jugerai la nation à laquelle ils auront été asservis, dit Dieu ; et après cela ils sortiront et me rendront culte en ce lieu-ci ». ⁸Puis il lui donna l'alliance° de la circoncision° ; c'est ainsi qu'Abraham engendra Isaac et le circoncit le huitième jour ; Isaac engendra Jacob, et Jacob, les douze patriarches. ⁹Les patriarches, pleins de jalousie à l'égard de Joseph, le vendirent pour être mené en Égypte ; mais Dieu était avec lui : ¹⁰il le délivra de toutes ses détresses et lui fit trouver grâce et sagesse devant le Pharaon, roi d'Égypte, qui l'établit gouverneur sur l'Égypte et sur toute sa maison. ¹¹Survint alors une famine dans toute l'Égypte et en Canaan, ainsi qu'une grande détresse : nos pères° ne trouvaient pas de nourriture. ¹²Jacob apprit qu'il y avait du blé en Égypte : il y envoya nos pères une première fois ; ¹³et la seconde fois, Joseph fut reconnu par ses frères, et son origine fut dévoilée au Pharaon. ¹⁴Joseph envoya alors chercher son père Jacob et toute sa parenté, en tout soixante-quinze personnes. ¹⁵Jacob descendit en Égypte ; il y mourut, ainsi que nos pères ; ¹⁶on les transporta à Sichem et on les déposa dans le tombeau qu'Abraham avait acheté à prix d'argent des fils de Emmor, de Sichem.

Le discours d'Étienne : le peuple a rejeté Moïse, mais Dieu l'a établi comme chef et libérateur

¹⁷Mais comme approchait le temps où devait s'accomplir la promesse que Dieu avait faite solennellement à Abraham, le peuple s'accrut et se multiplia en Égypte, ¹⁸jusqu'au temps où se leva sur l'Égypte un autre roi, qui ne connaissait pas Joseph. ¹⁹Ce roi, usant de ruse contre notre race, maltraita les pères° jusqu'à leur faire exposer leurs nouveau-nés pour ne pas les laisser vivre.

²⁰Dans ce temps-là naquit Moïse, et il était divinement beau ; il fut nourri trois mois dans la maison paternelle. ²¹Mais, quand il fut exposé, la fille du Pharaon le recueillit et l'éleva pour elle, afin qu'il

soit son fils. ²²Ainsi Moïse fut instruit dans toute la sagesse des Égyptiens; il était puissant dans ses paroles et dans ses actions. ²³Mais quand il fut parvenu à l'âge de quarante ans, il eut à cœur de visiter ses frères, les fils d'Israël; ²⁴comme il voyait l'un d'eux maltraité, il prit sa défense et vengea l'opprimé, en frappant l'Égyptien. ²⁵Il croyait que ses frères comprendraient que Dieu leur donnerait la délivrance par sa main, mais ils ne le comprirent pas. ²⁶Le jour suivant, il se montra à eux comme ils se battaient; et il les engagea à la paix, en disant:

– Vous êtes frères; pourquoi vous maltraiter l'un l'autre? ²⁷Mais celui qui maltraitait son prochain le repoussa, en disant:

– Qui t'a établi chef et juge sur nous? ²⁸Veux-tu me tuer, toi, comme hier tu as tué l'Égyptien?
²⁹Moïse s'enfuit à cette parole et vécut en étranger dans le pays de Madian, où il engendra deux fils. ³⁰Au bout de quarante ans, un ange lui apparut au désert de la montagne de Sinaï, dans la flamme de feu d'un buisson. ³¹En voyant cela, Moïse s'étonnait de la vision; comme il s'approchait pour observer, une voix du Seigneur* se fit entendre: ³²«Moi, je suis le Dieu de tes pères°, le Dieu d'Abraham, d'Isaac et de Jacob». Moïse, tout tremblant, n'osait pas regarder. ³³Alors le Seigneur* lui dit: «Ôte les sandales de tes pieds; car le lieu sur lequel tu te tiens est une terre sainte. ³⁴J'ai vu, j'ai vu comment on opprime mon peuple qui est en Égypte, j'ai entendu leur gémissement et je suis descendu pour les délivrer; et maintenant viens, je t'enverrai en Égypte». ³⁵Ce Moïse qu'ils avaient rejeté, en disant: Qui t'a établi chef et juge? c'est lui que Dieu a envoyé comme chef et comme libérateur, par la main de l'ange qui lui était apparu dans le buisson. ³⁶C'est lui qui les fit sortir, après avoir accompli des prodiges et des miracles dans le pays d'Égypte, à la mer Rouge et au désert pendant quarante ans.

Le discours d'Étienne : l'idolâtrie du peuple d'Israël

³⁷C'est ce Moïse qui a dit aux fils d'Israël : « Dieu vous suscitera parmi vos frères un prophète comme moi ; vous l'écouterez ». ³⁸C'est lui qui se trouvait dans l'assemblée au désert, avec l'ange qui lui parlait sur la montagne de Sinaï et avec nos pères° ; c'est lui qui reçut des oracles° vivants pour nous les donner. ³⁹Nos pères ne voulurent pas lui être soumis, mais ils le repoussèrent et retournèrent de cœur en Égypte, ⁴⁰disant à Aaron : Fais-nous des dieux qui aillent devant nous, car ce Moïse qui nous a fait sortir du pays d'Égypte, nous ne savons pas ce qui lui est arrivé. ⁴¹Ils façonnèrent en ces jours-là un veau, et ils offrirent un sacrifice à l'idole : ils prenaient plaisir aux œuvres de leurs mains. ⁴²Alors Dieu se détourna d'eux et les livra au culte de l'armée du ciel[a], ainsi qu'il est écrit au livre des prophètes : « M'avez-vous offert des bêtes égorgées et des sacrifices° pendant quarante ans, dans le désert, maison d'Israël ? – ⁴³Et vous avez porté le tabernacle° de Moloch et l'étoile de votre dieu Remphan, les figures que vous avez fabriquées pour leur rendre hommage ! et je vous transporterai au-delà de Babylone ».

Le discours d'Étienne :
Dieu n'habite pas une demeure faite de main

⁴⁴Nos pères° avaient dans le désert le tabernacle° du témoignage, comme l'avait ordonné celui qui avait dit à Moïse de le faire selon le modèle qu'il avait vu. ⁴⁵Nos pères, l'ayant reçu, l'introduisirent avec Josué, lorsqu'ils entrèrent en possession du territoire des nations que Dieu chassa devant nos pères, jusqu'aux jours de David, ⁴⁶qui trouva grâce devant Dieu et demanda la faveur de trouver une demeure pour le Dieu de Jacob. ⁴⁷Mais ce fut Salomon qui lui bâtit une maison. ⁴⁸Pourtant, le Très-Haut n'habite pas dans des demeures faites de main ; selon ce que dit le prophète : ⁴⁹« Le ciel est mon trône et la terre est le marchepied de mes pieds. Quelle maison

---

a • c.-à-d. : à l'adoration des astres.

me bâtirez-vous, dit le Seigneur*, et quel sera le lieu de mon repos ? ⁵⁰N'est-ce pas ma main qui a fait tout cela ?»

Le discours d'Étienne : le Juste a été mis à mort

⁵¹Gens de cou raide et incirconcis° de cœur et d'oreilles, vous résistez toujours à l'Esprit Saint ! Tels furent vos pères°, tels vous êtes. ⁵²Lequel des prophètes vos pères n'ont-ils pas persécuté ? Et ils ont tué ceux qui ont prédit la venue du Juste, lui que maintenant vous avez livré et mis à mort, ⁵³vous qui avez reçu la Loi par le ministère des anges et qui ne l'avez pas gardée...

Le martyre d'Étienne

⁵⁴À ces paroles, ils frémissaient de rage dans leurs cœurs et grinçaient des dents contre Étienne. ⁵⁵Mais lui, étant plein de l'Esprit Saint et fixant les yeux vers le ciel, vit la gloire de Dieu et Jésus debout à la droite de Dieu ; ⁵⁶il dit :

– Voici, je vois les cieux ouverts et le Fils de l'homme debout à la droite de Dieu.

⁵⁷Ils poussèrent alors de grands cris, se bouchèrent les oreilles et, d'un commun accord, se précipitèrent sur lui ; ⁵⁸l'ayant entraîné hors de la ville, ils se mirent à le lapider. Les témoins avaient déposé leurs vêtements aux pieds d'un jeune homme appelé Saul. ⁵⁹Et ils lapidaient Étienne qui priait et disait :

– Seigneur Jésus, reçois mon esprit.

⁶⁰S'étant mis à genoux, il cria d'une voix forte :

– Seigneur, ne leur impute pas ce péché.

Quand il eut dit cela, il s'endormit.

EXTENSION DE LA FOI EN SAMARIE ET PARMI LES NATIONS

Persécution de l'assemblée chrétienne

8 Et Saul approuvait ce meurtre. En ce temps-là, il y eut une grande persécution contre l'assemblée° qui était à Jérusalem ; et tous furent dispersés dans

S'étant mis à genoux, il cria d'une voix forte : "Seigneur, ne leur impute pas ce péché". (chap. 7. 60)

les régions de la Judée° et de la Samarie° – sauf les apôtres°. ²Des hommes pieux emportèrent Étienne pour l'ensevelir et menèrent un grand deuil sur lui.

³Or Saul ravageait l'assemblée : il pénétrait dans les maisons, et, traînant hommes et femmes, il les livrait pour être jetés en prison.

Philippe prêche le Christ en Samarie

⁴Ceux qui avaient été dispersés allèrent donc de lieu en lieu, annonçant la Parole. ⁵Philippe[a] descendit dans une ville de la Samarie° et leur prêcha le Christ°. ⁶Les foules, unanimement, étaient attentives à ce que disait Philippe, l'entendant et voyant les miracles qu'il faisait ; ⁷car les esprits impurs°, criant à haute voix, sortaient de beaucoup de gens qui en étaient possédés ; beaucoup de paralysés et de boiteux furent guéris. ⁸Et il y eut une grande joie dans cette ville-là.

---

a • *pas l'apôtre (voir* v. 1), *mais un des sept désignés en Actes 6. 5. Voir aussi Actes 21. 8.*

⁹Or, avant cela, il y avait dans la ville un homme nommé Simon, qui exerçait la magie et étonnait le peuple de la Samarie°, prétendant être un grand personnage ; ¹⁰tous s'attachaient à lui, du plus petit au plus grand, et disaient :
— Celui-ci est la puissance de Dieu, appelée la grande.
¹¹Ils s'attachaient à lui parce que, depuis longtemps, il les étonnait par ses tours de magie. ¹²Mais quand ils eurent cru Philippe, qui leur annonçait les bonnes nouvelles concernant le royaume de Dieu et le nom de Jésus Christ°, ils furent baptisés, hommes et femmes. ¹³Simon aussi crut ; et après avoir été baptisé, il se tenait toujours auprès de Philippe ; considérant les prodiges et les grands miracles qui se faisaient, il était stupéfait.

**Les croyants de Samarie reçoivent le Saint Esprit –
Condamnation de Simon le magicien**

¹⁴Les apôtres qui étaient à Jérusalem apprirent que la Samarie avait reçu la parole de Dieu ; ils leur envoyèrent Pierre et Jean, ¹⁵qui, étant descendus, prièrent pour eux, afin qu'ils reçoivent l'Esprit Saint° : ¹⁶car il n'était encore tombé sur aucun d'eux ; ils avaient seulement été baptisés pour le nom du Seigneur Jésus. ¹⁷Alors Pierre et Jean leur imposèrent les mains ; et eux recevaient l'Esprit Saint. ¹⁸Or Simon, constatant que l'Esprit Saint était donné par l'imposition des mains des apôtres, leur offrit de l'argent, ¹⁹en disant :
— Donnez-moi ce pouvoir à moi aussi, afin que tous ceux à qui j'imposerai les mains reçoivent l'Esprit Saint. ²⁰Mais Pierre lui répondit :
— Que ton argent périsse avec toi, parce que tu as pensé acquérir avec de l'argent le don de Dieu. ²¹Tu n'as ni part ni héritage dans cette affaire, car ton cœur n'est pas droit devant Dieu. ²²Repens°-toi donc de ta méchanceté et supplie le Seigneur, afin que, s'il est possible, la pensée de ton cœur te soit pardonnée ; ²³car je vois que tu es dans un fiel d'amertume et sous l'emprise de l'iniquité. ²⁴Simon répondit :

— Vous, suppliez le Seigneur pour moi, de sorte que rien ne m'arrive de ce que vous avez dit. ²⁵ Eux donc, après avoir rendu témoignage et avoir annoncé la parole du Seigneur, s'en retournaient à Jérusalem ; et ils évangélisaient de nombreux villages de Samaritains.

Philippe et l'intendant de la reine d'Éthiopie

²⁶ Et un ange du Seigneur* parla à Philippe :

— Lève-toi, et va vers le midi, sur le chemin qui descend de Jérusalem à Gaza ; il est désert.

²⁷ Il se leva et s'en alla. Et voici, un Éthiopien, eunuque, homme haut placé à la cour de Candace reine des Éthiopiens, intendant de tous ses trésors, et qui était venu pour adorer à Jérusalem, s'en retournait ; ²⁸ assis dans son char, il lisait le prophète Ésaïe. ²⁹ L'Esprit dit à Philippe :

— Approche-toi de ce char et rejoins-le.

³⁰ Philippe accourut et l'entendit qui lisait le prophète Esaïe ; il dit :

— Mais comprends-tu ce que tu lis ? ³¹ L'eunuque répondit :

— Comment donc le pourrais-je, si personne ne me guide ?

Et il pria Philippe de monter s'asseoir à côté de lui. ³² Or le passage de l'Écriture qu'il lisait était celui-ci : « Il a été mené comme une brebis à la boucherie ; et comme un agneau, muet devant celui qui le tond, ainsi il n'ouvre pas la bouche ; ³³ dans son humiliation, la justice lui a été déniée[a] ; et sa génération[b], qui la racontera ? car sa vie est ôtée de la terre ».

³⁴ L'eunuque prit la parole et dit à Philippe :

— Je te prie, de qui le prophète dit-il cela ? De lui-même, ou de quelqu'un d'autre ?

³⁵ Alors Philippe ouvrit la bouche et, commençant par cette Écriture, lui annonça Jésus. ³⁶ Comme ils continuaient leur chemin, ils arrivèrent à un point d'eau ; l'eunuque dit :

---

a • *litt.* : son jugement a été ôté *(on lui a fait un simulacre de jugement).* — b • *ou aussi* : sa postérité.

*Étant tombé à terre, il entendit une voix qui lui disait :
"Saul ! Saul ! pourquoi me persécutes-tu ?" (chap. 9. 4)*

– Voici de l'eau, qu'est-ce qui m'empêche d'être baptisé ?
³⁸ Il fit arrêter le char, et ils descendirent tous deux vers l'eau, et Philippe et l'eunuque ; alors Philippe le baptisa. ³⁹ Quand ils furent remontés hors de l'eau, l'Esprit du Seigneur enleva Philippe, et l'eunuque ne le vit plus. Et il continua son chemin tout joyeux. ⁴⁰ Mais Philippe se retrouva à Azot ; et en traversant le pays, il évangélisait toutes les villes, jusqu'à son arrivée à Césarée.

Conversion de Saul sur le chemin de Damas
9 Or Saul, qui respirait encore menace et meurtre contre les disciples du Seigneur, se rendit auprès du souverain sacrificateur° ² et lui demanda pour Damas des lettres adressées aux synagogues°, afin que, s'il trouvait des personnes de la Voie°, il les amène, hommes et femmes, liés à Jérusalem. ³ Il était en chemin et approchait de Damas, quand soudain une lumière brilla du ciel autour de lui comme un éclair. ⁴ Et, étant tombé à terre, il entendit une voix qui lui disait :

– Saul ! Saul ! pourquoi me persécutes-tu ?

– ⁵Qui es-tu, Seigneur ? demanda-t-il.
– Je suis Jésus que tu persécutes. ⁶Mais lève-toi, entre dans la ville ; et on te dira ce que tu dois faire. ⁷Les hommes qui faisaient route avec lui restaient là, muets de stupeur : ils entendaient bien le son d'une voix, mais n'apercevaient personne. ⁸Saul se releva : les yeux ouverts, il ne voyait rien ; en le conduisant par la main, ils l'emmenèrent à Damas ; ⁹et il resta trois jours sans voir, sans manger ni boire.

Baptême de Saul – Premières prédications

¹⁰Or il y avait à Damas un disciple nommé Ananias ; dans une vision, le Seigneur s'adressa à lui :
– Ananias ! Il dit :
– Me voici, Seigneur. ¹¹Le Seigneur lui dit :
– Lève-toi, va dans la rue appelée la Droite, et cherche dans la maison de Judas un nommé Saul, de Tarse[a] ; car voici, il prie, ¹²et il a vu dans une vision un homme nommé Ananias, qui entrait et lui imposait les mains pour qu'il recouvre la vue. ¹³Ananias répondit :
– Seigneur, j'ai entendu beaucoup de personnes dire, à propos de cet homme, tout le mal qu'il a fait à tes saints° dans Jérusalem ; ¹⁴et ici il a pouvoir, de la part des principaux sacrificateurs°, de lier tous ceux qui invoquent ton nom. ¹⁵Mais le Seigneur lui dit :
– Va ; car cet homme est un instrument que je me suis choisi, pour porter mon nom devant les nations°, les rois et les fils d'Israël ; ¹⁶car je lui montrerai tout ce qu'il doit souffrir pour mon nom.
¹⁷Alors Ananias s'en alla et entra dans la maison. Après lui avoir imposé les mains, il dit :
– Saul, frère, le Seigneur, Jésus qui t'est apparu dans le chemin par où tu allais, m'a envoyé pour que tu recouvres la vue et que tu sois rempli de l'Esprit Saint.

---

a • *ville natale de Saul (l'apôtre Paul) en Cilicie (sud-est de la Turquie actuelle).*

¹⁸ Aussitôt il tomba de ses yeux comme des écailles, et il recouvra la vue ; il se leva et fut baptisé ; ¹⁹ et, lorsqu'il eut mangé, il reprit des forces. Il resta quelques jours avec les disciples qui étaient à Damas ; ²⁰ et aussitôt il se mit à prêcher Jésus dans les synagogues°, disant que Lui est le Fils de Dieu. ²¹ Tous ceux qui l'entendaient étaient stupéfaits ; ils disaient :

— N'est-ce pas celui-là qui a fait des ravages à Jérusalem parmi ceux qui invoquent ce Nom, et qui est venu ici exprès pour les amener liés aux principaux sacrificateurs° ?

²² Mais Saul se fortifiait de plus en plus et confondait les Juifs qui demeuraient à Damas, en démontrant que Jésus était le Christ°.

Saul quitte Damas pour Jérusalem

²³ Bien des jours s'étant écoulés, les Juifs se concertèrent pour le tuer ; ²⁴ mais leur complot fut connu de Saul. Ils surveillaient même les portes[a], jour et nuit, pour le tuer ; ²⁵ mais les disciples le prirent de nuit et le firent descendre le long de la muraille, dans une corbeille.

²⁶ Arrivé à Jérusalem, il cherchait à se joindre aux disciples ; mais tous le craignaient, ne pouvant pas croire qu'il était disciple ; ²⁷ alors Barnabas[b] le prit avec lui, le conduisit auprès des apôtres° et leur raconta comment, sur le chemin, Saul avait vu le Seigneur qui lui avait parlé, et comment, à Damas, il avait parlé ouvertement au nom de Jésus. ²⁸ Dès lors il était avec eux à Jérusalem, il allait et venait et parlait ouvertement au nom du Seigneur. ²⁹ Il parlait et entrait en discussion avec les Hellénistes° ; mais eux cherchaient à le faire mourir. ³⁰ L'ayant su, les frères le menèrent à Césarée et l'envoyèrent à Tarse.

---

a • *les portes de l'enceinte fortifiée* (v. 25). — b • *voir* Actes 4. 36-37.

Un homme paralysé est guéri par Pierre

³¹ Les assemblées° donc, par toute la Judée°, la Galilée° et la Samarie°, étaient en paix, étant édifiées et marchant dans la crainte du Seigneur ; et elles croissaient par la consolation du Saint Esprit°.

³²Or il arriva, comme Pierre parcourait toute la contrée, qu'il descendit aussi vers les saints° qui habitaient Lydde. ³³Il trouva là un homme nommé Énée, qui depuis huit ans était couché sur un brancard : il était paralysé. ³⁴Pierre lui dit :

– Énée ! Jésus, le Christ°, te guérit ; lève-toi et fais toi-même ton lit.

Aussitôt il se leva. ³⁵Tous ceux qui habitaient Lydde et le Saron le virent ; et ils se tournèrent vers le Seigneur.

Dorcas est ressuscitée

³⁶Il y avait à Joppé une femme disciple appelée Tabitha – qui se traduit : Dorcas – qui abondait en bonnes œuvres et en aumônes. ³⁷Il arriva en ces jours-là qu'elle tomba malade et mourut ; après l'avoir lavée, on la mit dans la chambre haute. ³⁸Comme Lydde est près de Joppé, les disciples, qui avaient appris que Pierre était dans cette ville, envoyèrent vers lui deux hommes, le priant :

– Ne tarde pas à venir jusqu'à nous.

³⁹Pierre se leva et s'en alla avec eux. Quand il fut arrivé, ils le menèrent dans la chambre haute. Toutes les veuves vinrent auprès de lui en pleurant : elles montraient les robes et les vêtements, tout ce que Dorcas avait fait pendant qu'elle était avec elles. ⁴⁰Mais Pierre les fit tous sortir et, s'étant mis à genoux, il pria ; puis, se tournant vers le corps, il dit :

– Tabitha, lève-toi.

Elle ouvrit les yeux et, voyant Pierre, elle se redressa et s'assit ; ⁴¹il lui donna la main, la fit lever et, ayant appelé les saints° et les veuves, il la leur présenta vivante. ⁴²Cela fut connu dans tout Joppé, et beaucoup crurent au Seigneur. ⁴³Pierre demeura ensuite assez longtemps à Joppé, chez un certain Simon, tanneur.

Vision de Corneille

10 Or, à Césarée[a], un homme nommé Corneille, centurion° de la cohorte° appelée Italique, ²pieux et craignant Dieu avec toute sa maison°, faisait beaucoup d'aumônes au peuple et priait Dieu continuellement. ³Il vit clairement en vision, vers la neuvième heure° du jour[b], un ange de Dieu qui entrait chez lui et l'appelait :

— Corneille ! ⁴Fixant les yeux sur l'ange, et tout effrayé, il dit :

— Qu'est-ce, Seigneur ? L'ange lui dit :

— Tes prières et tes aumônes sont montées en souvenir devant Dieu. ⁵Et maintenant, envoie des hommes à Joppé et fais venir Simon qui est aussi appelé Pierre ; ⁶il est logé chez un certain Simon, tanneur, qui a sa maison au bord de la mer.

⁷Quand l'ange qui lui parlait s'en fut allé, Corneille appela deux de ses domestiques et un soldat pieux parmi ceux qui se tenaient toujours auprès de lui ; ⁸après leur avoir tout raconté, il les envoya à Joppé.

Vision de Pierre

⁹Le lendemain, comme ils étaient en chemin et approchaient de la ville, Pierre monta sur la terrasse pour prier, vers la sixième heure[c]. ¹⁰Il eut faim et voulut manger ; pendant qu'on lui préparait un repas, il lui survint une extase : ¹¹il voit le ciel ouvert, et un objet qui en descendait, semblable à une grande toile liée par les quatre coins, et qui dévalait sur la terre ; ¹²il s'y trouvait tous les quadrupèdes et les reptiles de la terre et les oiseaux du ciel. ¹³Une voix s'adressa à lui :

— Lève-toi, Pierre, tue et mange. ¹⁴Mais Pierre dit :

— Non pas, Seigneur ; car jamais je n'ai rien mangé de souillé ni d'impur[d]. ¹⁵Une voix s'adressa encore à lui, pour la deuxième fois :

— Ce que Dieu a purifié, toi, ne le considère pas comme souillé.

---

a • Césarée (Actes 8. 40) *est le port qui sert de capitale romaine aux trois provinces du territoire d'Israël ; le gouverneur y réside avec sa garnison.* — b • *au milieu de l'après-midi* (voir Heure°). — c • *midi.* — d • *Certains animaux étaient déclarés impurs par la loi de Moïse* (Lévitique 11).

¹⁶Cela eut lieu par trois fois, et aussitôt l'objet fut enlevé vers le ciel.

Pierre va à Césarée, chez Corneille

¹⁷Comme Pierre, perplexe, se demandait ce que pouvait bien signifier la vision qu'il avait eue, voici, les hommes envoyés par Corneille, qui s'étaient enquis de la maison de Simon, se tenaient à la porte ; ¹⁸ils appelèrent et demandèrent si c'était bien là que logeait Simon, appelé aussi Pierre. ¹⁹Pendant que Pierre méditait sur la vision, l'Esprit lui dit :

– Voici trois hommes qui te cherchent ; ²⁰lève-toi donc, descends, et va avec eux sans hésiter, parce que c'est moi qui les ai envoyés. ²¹Pierre descendit vers les hommes et dit :

– Me voici ; je suis celui que vous cherchez ; pour quel motif êtes-vous venus ? ²²Ils répondirent :

– Le centurion° Corneille, homme juste, craignant Dieu, et qui a un bon témoignage de toute la nation juive, a été averti divinement par un saint ange de te faire venir dans sa maison et d'entendre des paroles de ta part.

²³Pierre les fit donc entrer et les logea ; dès le lendemain, il se leva et s'en alla avec eux ; quelques-uns des frères de Joppé allèrent aussi avec lui. ²⁴Et le jour suivant, ils entrèrent à Césarée. Corneille les attendait ; il avait réuni ses parents et ses intimes amis.

²⁵Au moment où Pierre entrait, Corneille, qui allait à sa rencontre, se jeta à ses pieds et lui rendit hommage. ²⁶Mais Pierre le releva, en disant :

– Lève-toi ; moi aussi, je suis un homme.

²⁷Tout en conversant avec lui, il entra et trouva beaucoup de personnes assemblées. ²⁸Il leur dit alors :

– Vous le savez, c'est une chose illicite pour un Juif de se lier avec un étranger ou d'aller chez lui ; mais Dieu m'a montré, à moi, qu'il ne faut déclarer souillé ou impur aucun homme. ²⁹C'est pourquoi, lorsque vous m'avez envoyé chercher, je suis venu sans faire de difficulté. Je vous demande donc pour quel motif vous m'avez fait venir. ³⁰Corneille répondit :

— Il y a quatre jours, j'étais en jeûne jusqu'à cette heure-ci et, à la neuvième heure[a], j'étais en prière dans ma maison ; et voici, un homme se tint devant moi en vêtement éclatant, et dit : ³¹Corneille, ta prière est exaucée et tes aumônes ont été rappelées en mémoire devant Dieu. ³²Envoie donc des gens à Joppé et fais venir Simon, qui est aussi appelé Pierre ; il loge dans la maison de Simon, tanneur, au bord de la mer ; et lorsqu'il sera venu, il te parlera. ³³Je t'ai donc aussitôt envoyé chercher, et tu as bien fait de venir. Maintenant, nous sommes tous présents devant Dieu, pour entendre tout ce qui t'a été ordonné de Dieu.

Discours de Pierre chez Corneille
³⁴Pierre prit la parole et dit :
— En vérité, je comprends que Dieu ne fait pas de considération de personnes[b], ³⁵mais qu'en toute nation celui qui le craint et qui pratique la justice lui est agréable. ³⁶La parole qu'il a envoyée aux fils d'Israël, annonçant la bonne nouvelle° de la paix par Jésus Christ° (lui est Seigneur° de tous), ³⁷vous la connaissez – parole qui a été annoncée par toute la Judée°, en commençant par la Galilée°, après le baptême que Jean a prêché : ³⁸Jésus qui était de Nazareth, comment Dieu l'a oint[c] de l'Esprit Saint° et de puissance, lui qui a passé de lieu en lieu, faisant du bien et guérissant tous ceux que le diable avait asservis à sa puissance, ³⁹car Dieu était avec lui. Et nous, nous sommes témoins de tout ce qu'il a fait, au pays des Juifs et à Jérusalem. Et lui qu'ils ont fait mourir, le pendant au bois, ⁴⁰Dieu l'a ressuscité le troisième jour, et l'a donné pour être manifesté, ⁴¹non à tout le peuple, mais à des témoins qui avaient été auparavant choisis par Dieu, c'est-à-dire à nous qui avons mangé et bu avec lui après sa résurrection d'entre les morts. ⁴²Et il nous a commandé de prêcher au peuple et d'attester que c'est lui qui est établi par Dieu juge des vivants et des

---

a• *au milieu de l'après-midi* (voir Heure°). — b• litt. : n'est pas partial. — c• Christ *signifie* : Oint.

morts. ⁴³Tous les prophètes lui rendent témoignage que, par son nom, quiconque croit en lui reçoit le pardon des péchés.

Des croyants étrangers à Israël reçoivent aussi le Saint Esprit
⁴⁴Comme Pierre parlait encore, l'Esprit Saint° tomba sur tous ceux qui entendaient la Parole. ⁴⁵Et les croyants de la circoncision°, tous ceux qui étaient venus avec Pierre, furent stupéfaits de voir que le don du Saint Esprit était répandu aussi sur ceux des nations°, ⁴⁶car ils les entendaient parler en langues et magnifier Dieu. ⁴⁷Pierre reprit alors la parole :

– Quelqu'un pourrait-il refuser l'eau et empêcher que ceux-ci soient baptisés, eux qui ont reçu l'Esprit Saint comme nous aussi ?

⁴⁸Et il commanda de les baptiser au nom du Seigneur. Alors ils le prièrent de demeurer là quelques jours.

À Jérusalem, Pierre explique son attitude parmi les non-Juifs
11 Les apôtres° et les frères qui étaient en Judée° apprirent que ceux des nations° avaient eux aussi reçu la parole de Dieu. ²Quand Pierre fut monté à Jérusalem, ceux de la circoncision° lui faisaient des reproches :

– ³Tu es entré chez des hommes incirconcis°, et tu as mangé avec eux !

⁴Alors Pierre se mit à leur exposer les faits par ordre :

– ⁵J'étais en prière dans la ville de Joppé, quand j'eus dans une extase une vision ; je vis descendre un objet semblable à une grande toile, tenue par les quatre coins, dévalant du ciel ; elle vint jusqu'à moi. ⁶Fixant les yeux sur elle, je l'observais : je vis les quadrupèdes de la terre, les bêtes sauvages, les reptiles et les oiseaux du ciel ; ⁷j'entendis aussi une voix qui me disait :

– Lève-toi, Pierre, tue et mange. ⁸Et je dis :

– Non pas, Seigneur ; car jamais rien de souillé ou d'impur n'est entré dans ma bouche. ⁹Une voix répondit du ciel pour la deuxième fois :

– Ce que Dieu a purifié, toi, ne le tiens pas pour souillé.

¹⁰Cela eut lieu par trois fois, et tout fut de nouveau retiré dans le ciel. ¹¹Et voici qu'à l'instant même trois hommes se trouvèrent devant la maison où j'étais : ils avaient été envoyés de Césarée vers moi. ¹²L'Esprit me dit d'aller avec eux sans hésiter ; les six frères que voici sont aussi venus avec moi et nous sommes entrés dans la maison de cet homme. ¹³Il nous raconta comment il avait vu l'ange se présenter dans sa maison et lui dire : Envoie des gens à Joppé pour faire venir Simon, qui est aussi appelé Pierre ; ¹⁴il te dira des paroles par lesquelles tu seras sauvé, toi et toute ta maison°. ¹⁵Au moment où je commençais à parler, l'Esprit Saint tomba sur eux, comme il est tombé sur nous aussi au commencement. ¹⁶Et je me souvins de la parole du Seigneur quand il disait : Jean a baptisé avec de l'eau, mais vous, vous serez baptisés de l'Esprit Saint. ¹⁷Si donc Dieu leur a fait le même don qu'à nous qui avons cru au Seigneur Jésus Christ, qui étais-je, moi, pour pouvoir l'interdire à Dieu ?

¹⁸En entendant cela, ils firent silence, glorifièrent Dieu et dirent :

– Dieu a donc donné aux nations° aussi la repentance° qui mène à la vie !

L'assemblée à Antioche

¹⁹Ceux qui avaient été dispersés, à la suite de la persécution qui arriva à l'occasion d'Étienne[a], passèrent jusqu'en Phénicie, à Chypre et à Antioche[b], n'annonçant la Parole à personne, si ce n'est à des Juifs. ²⁰Mais certains d'entre eux étaient des Chypriotes et des Cyrénéens qui, venus à Antioche, parlaient aussi aux Grecs°, annonçant le Seigneur Jésus. ²¹La main du Seigneur était avec eux : un

---

a • *voir Actes 7. 59-60 ; 8. 1-5, 40.* — b • *Antioche de Syrie, à 300 km au nord de Damas ; une des plus grandes villes du monde romain, après Rome et Alexandrie.*

grand nombre crurent et se tournèrent vers le Seigneur. ²²La nouvelle en parvint aux oreilles de l'assemblée° qui était à Jérusalem, et ils envoyèrent Barnabas[a] jusqu'à Antioche. ²³Quand il y fut arrivé et qu'il eut vu la grâce° de Dieu, il se réjouit ; et il les exhortait tous à demeurer attachés au Seigneur de tout leur cœur, ²⁴car il était homme de bien, et plein de l'Esprit Saint et de foi. Et une grande foule fut ajoutée au Seigneur. ²⁵Il s'en alla ensuite à Tarse[b], pour chercher Saul ; ²⁶après l'avoir trouvé, il le mena à Antioche. Et, pendant une année entière, ils se réunirent dans l'assemblée° et enseignèrent une grande foule. Ce fut aussi à Antioche que, pour la première fois, les disciples furent nommés chrétiens[c].

²⁷En ces jours-là, des prophètes descendirent de Jérusalem à Antioche. ²⁸L'un d'entre eux, nommé Agabus, se leva et déclara, par l'Esprit, qu'une grande famine aurait lieu dans toute la terre habitée : effectivement, elle eut lieu sous Claude[d]. ²⁹Alors les disciples, chacun selon ses ressources, décidèrent d'envoyer un secours aux frères qui demeuraient en Judée°. ³⁰C'est ce qu'ils firent, l'envoyant aux anciens° par les mains de Barnabas et de Saul.

Persécution de la part d'Hérode – Mort de Jacques

12 Vers ce temps-là, le roi Hérode° mit les mains sur quelques-uns de ceux de l'assemblée° pour les maltraiter, ²et il fit mourir par l'épée Jacques°, le frère de Jean.

Arrestation de Pierre et délivrance miraculeuse

³Voyant que cela était agréable aux Juifs, il continua, en faisant prendre aussi Pierre (or c'étaient les jours des Pains° sans levain) ; ⁴quand il l'eut fait prendre, il le mit en prison et le livra à quatre groupes de quatre soldats chacun pour le garder : il voulait, après la Pâque°, le faire comparaître devant le

---

a • *voir* Actes 4. 36-37 ; 9. 26-27. — b • *voir* Actes 9. 11, *et note.* — c • *c.-à-d. (disciples) de Christ. Voir aussi Actes* 26. 28. — d • *empereur romain qui régna de 41 à 54 ap. J-C.* (*voir* César°).

peuple. ⁵Pierre donc était gardé dans la prison ; mais l'assemblée° faisait d'instantes prières à Dieu pour lui. ⁶Alors qu'Hérode allait le faire comparaître, Pierre, cette nuit-là, dormait entre deux soldats, lié de deux chaînes ; des sentinelles, devant la porte, gardaient la prison. ⁷Et voici, un ange du Seigneur* survint, et une lumière resplendit dans le cachot ; frappant Pierre au côté, l'ange le réveilla et lui dit :

– Lève-toi vite. Les chaînes tombèrent de ses mains. ⁸L'ange lui dit :

– Ceins-toi° et chausse tes sandales. Il fit ainsi. L'ange lui dit encore :

– Jette ton manteau sur toi et suis-moi.

⁹Sortant, Pierre le suivit ; il ne savait pas que ce qui se faisait par l'ange était réel, mais il croyait avoir une vision. ¹⁰Quand ils eurent passé la première garde, puis la seconde, ils parvinrent à la porte de fer qui conduit à la ville, et elle s'ouvrit à eux d'elle-même ; une fois sortis, ils allèrent jusqu'au bout d'une rue ; et aussitôt l'ange le quitta.

¹¹Revenu à lui, Pierre dit :

– Maintenant, je sais vraiment que le Seigneur a envoyé son ange et m'a délivré de la main d'Hérode et de tout ce qu'attendait le peuple juif.

¹²Après s'être reconnu, il se rendit à la maison de Marie, mère de Jean, appelé aussi Marc, où plusieurs étaient assemblés et priaient. ¹³Comme il frappait à la porte du vestibule, une servante nommée Rhode s'approcha pour écouter ; ¹⁴reconnaissant la voix de Pierre, de joie elle n'ouvrit pas : elle rentra en courant et rapporta que Pierre se tenait devant le vestibule. ¹⁵Ils lui dirent :

– Tu es folle ! Mais elle affirmait qu'il en était bien ainsi. Ils disaient :

– C'est son ange.

¹⁶Mais Pierre continuait à frapper ; quand ils eurent ouvert, ils le virent et furent stupéfaits. ¹⁷De la main il leur fit signe de se taire et leur raconta comment le Seigneur l'avait fait sortir de la prison ; il ajouta :

– Rapportez tout cela à Jacques▽ et aux frères.

Puis il sortit et s'en alla en un autre lieu.

Dieu frappe Hérode

¹⁸ Mais au lever du jour, il y eut un grand désarroi parmi les soldats : qu'était donc devenu Pierre ? ¹⁹ Hérode le fit rechercher ; ne le trouvant pas, il fit subir un interrogatoire aux gardes, puis donna l'ordre de les faire exécuter. Ensuite il descendit de la Judée° à Césarée et y séjourna. ²⁰ Il était très irrité contre les Tyriens et les Sidoniens ; mais ils vinrent à lui d'un commun accord et, après avoir gagné à leur cause Blaste, le chambellan du roi, ils demandèrent la paix, parce que, pour la nourriture, leur pays dépendait de celui du roi. ²¹ Au jour fixé, Hérode▽, revêtu d'une robe royale et assis à la tribune, les haranguait. ²² Le peuple s'écriait :

— Voix d'un dieu et non pas d'un homme !

²³ À l'instant, un ange du Seigneur* le frappa, parce qu'il n'avait pas donné la gloire à Dieu ; et, rongé par les vers, il expira.

²⁴ Mais la parole de Dieu croissait et se multipliait. ²⁵ Barnabas et Saul, après avoir accompli leur service, s'en retournèrent de Jérusalem, emmenant avec eux Jean, qui était aussi appelé Marc.

PREMIER VOYAGE MISSIONNAIRE DE PAUL

Barnabas et Saul mis à part

13 Il y avait à Antioche, dans l'assemblée° locale, des prophètes et des docteurs° : Barnabas et Siméon, appelé Niger, Lucius de Cyrène, Manahem qui avait été élevé avec Hérode⌐ le tétrarque°, et Saul. ² Comme ils accomplissaient le service du Seigneur et jeûnaient, l'Esprit Saint° dit :

— Mettez-moi maintenant à part Barnabas et Saul, pour l'œuvre à laquelle je les ai appelés.

³ Alors, après avoir jeûné et prié, ils leur imposèrent les mains et les laissèrent aller.

A Chypre, opposition de Satan

⁴ Eux donc, ayant été envoyés par l'Esprit Saint, descendirent à Séleucie ; et de là ils firent voile pour Chypre. ⁵ Quand ils furent à Salamine, ils

annonçaient la parole de Dieu dans les synagogues°
des Juifs; ils avaient aussi Jean pour serviteur.
⁶Après avoir traversé toute l'île jusqu'à Paphos, ils
trouvèrent un certain homme, magicien, faux prophète juif, nommé Bar-Jésus, ⁷qui était dans l'entou-
rage du proconsul° Serge Paul, homme intelligent.
Celui-ci fit appeler Barnabas et Saul et demanda à
entendre la parole de Dieu. ⁸Mais Élymas, le magicien (car c'est ainsi que son nom se traduit), leur ré-
sistait, cherchant à détourner le proconsul de la foi.
⁹Alors Saul, qui est aussi appelé Paul, rempli de
l'Esprit Saint, fixa les yeux sur lui ¹⁰et lui dit :

— Toi qui es plein de toute fraude et de toute méchanceté, fils du diable, ennemi de toute justice, ne
cesseras-tu pas de pervertir les voies droites du Seigneur? ¹¹Et maintenant voici, la main du Seigneur
est sur toi : tu seras aveugle, sans voir le soleil pour
un temps.

À l'instant, une obscurité et des ténèbres tombèrent
sur lui; et se tournant de tous côtés, il cherchait
quelqu'un qui le conduise par la main. ¹²Alors le
proconsul, voyant ce qui était arrivé, crut, étant
saisi par la doctrine° du Seigneur.

À Antioche de Pisidie, Paul prêche la justification par la foi en Jésus

¹³Gagnant le large depuis Paphos, Paul et ses compagnons se rendirent à Perge de Pamphylie°. Mais
Jean les quitta et retourna à Jérusalem. ¹⁴Quant à
eux, ils partirent de Perge, traversèrent le pays et arrivèrent à Antioche de Pisidie[a]; le jour du sabbat°,
ils entrèrent dans la synagogue° et s'assirent.
¹⁵Après la lecture de la Loi et des Prophètes, les
chefs de la synagogue leur envoyèrent dire :

— Frères, si vous avez une parole d'exhortation
pour le peuple, parlez. ¹⁶Alors Paul se leva, fit un
signe de la main et dit :

— Israélites, et vous qui craignez Dieu, écoutez :
¹⁷le Dieu de ce peuple s'est choisi nos pères° et a
élevé bien haut le peuple pendant son séjour au

---

a • Antioche de Pisidie, *dans la province romaine de Galatie°*.

Alors Paul se leva, fit un signe de la main et dit : "Israélites, et vous qui craignez Dieu, écoutez..." (chap. 13. 16)

pays d'Égypte; il les en fit sortir par son bras puissant. ¹⁸Et il prit soin d'eux dans le désert, environ quarante ans. ¹⁹Après avoir détruit sept nations au pays de Canaan, il leur donna ce pays en héritage. ²⁰Ensuite, pendant environ quatre cent cinquante ans, il leur donna des juges, jusqu'à Samuel le prophète. ²¹Puis ils demandèrent un roi, et Dieu leur donna Saül, fils de Kis, homme de la tribu de Benjamin, pendant quarante ans. ²²Après l'avoir rejeté, il leur suscita pour roi David; c'est à son sujet qu'il a rendu ce témoignage : J'ai trouvé David, le fils de Jessé[a], un homme selon mon cœur, qui fera toute ma volonté.

²³De la descendance de cet homme, Dieu, selon sa promesse, a amené à Israël un Sauveur : Jésus. ²⁴Immédiatement avant son arrivée, Jean avait déjà prêché le baptême de repentance à tout le peuple d'Israël. ²⁵Et comme Jean achevait sa course, il dit :

– Qui pensez-vous que je suis ? Je ne le suis pas, moi; mais voici, il en vient un après moi, lui dont je ne suis pas digne de délier la sandale[b].

---

a • *ou* Isaï. — b • *litt. :* la sandale de ses pieds; *Jean le Baptiseur fait allusion au Messie, ou Christ°.*

²⁶ Frères, fils de la race d'Abraham, c'est à vous et à ceux qui parmi vous craignent Dieu que la parole de ce salut a été adressée ; ²⁷ car les habitants de Jérusalem et leurs chefs, n'ayant pas reconnu Jésus ni les voix des prophètes qu'on lit chaque sabbat°, ont accompli celles-ci en le jugeant. ²⁸ Et bien qu'ils n'aient trouvé en lui aucun crime qui mérite la mort, ils ont demandé à Pilate° de le faire mourir. ²⁹ Après avoir accompli tout ce qui est écrit de lui, ils l'ont descendu du bois et l'ont déposé dans un tombeau. ³⁰ Mais Dieu l'a ressuscité d'entre les morts. ³¹ Et il a été vu pendant plusieurs jours par ceux qui étaient montés avec lui de la Galilée° à Jérusalem : ceux-là sont maintenant ses témoins auprès du peuple. ³² Et nous, nous vous annonçons cette bonne nouvelle : la promesse qui a été faite aux pères°, ³³ Dieu l'a accomplie envers nous, leurs enfants, ayant suscité Jésus ; comme il est écrit dans le psaume deux : « Tu es mon Fils, moi je t'ai aujourd'hui engendré ». ³⁴ Or qu'il l'ait ressuscité d'entre les morts – car il ne devait pas retourner à la corruption –, il l'a dit ainsi : « Je vous donnerai les grâces assurées de David[a] ». ³⁵ C'est pourquoi il dit aussi dans un autre passage : « Tu ne permettras pas que ton Saint voie la corruption ». ³⁶ Car David, après avoir, en sa propre génération, servi les desseins de Dieu, s'est endormi, a été réuni à ses pères et a vu la corruption ; ³⁷ mais celui que Dieu a ressuscité n'a pas vu la corruption. ³⁸ Sachez-le donc, frères : par lui[b] vous est annoncé le pardon des péchés, ³⁹ et de tout ce dont vous n'avez pu être justifiés par la loi de Moïse, quiconque croit est justifié par lui[c]. ⁴⁰ Prenez donc garde qu'il ne vous arrive ce qui est dit dans les Prophètes : ⁴¹ « Voyez, arrogants, étonnez-vous et disparaissez ; car moi, je fais une œuvre en vos jours, une œuvre que vous ne croiriez pas, si quelqu'un vous la racontait ».

---

a • *les promesses faites à David.* — b • par son moyen. — c • *ou :* en lui.

Les Juifs s'opposent à Paul et Barnabas, qui se tournent alors vers les nations

⁴²Comme ils sortaient, on leur demanda de parler de ces sujets le sabbat° suivant. ⁴³Quand la synagogue° se fut dispersée, un grand nombre des Juifs et des prosélytes° servant Dieu suivirent Paul et Barnabas, qui s'entretinrent avec eux et les exhortaient à persévérer dans la grâce° de Dieu.

⁴⁴Le sabbat suivant, presque toute la ville se rassembla pour entendre la parole de Dieu ; ⁴⁵mais, à la vue des foules, les Juifs furent remplis de jalousie et, en blasphémant, contredisaient les paroles de Paul. ⁴⁶Alors Paul et Barnabas s'enhardirent jusqu'à déclarer :

– C'était à vous d'abord qu'il fallait annoncer la parole de Dieu ; mais puisque vous la rejetez et que vous vous jugez vous-mêmes indignes de la vie éternelle, voici, nous nous tournons vers les nations° ; ⁴⁷car ainsi nous a commandé le Seigneur : « Je t'ai établi pour être la lumière des nations, afin que tu sois pour salut jusqu'au bout de la terre ».

⁴⁸Lorsque ceux des nations entendirent cela, ils s'en réjouirent et glorifièrent la parole du Seigneur ; et tous ceux qui étaient destinés à la vie éternelle crurent. ⁴⁹La parole du Seigneur se répandait à travers tout le pays. ⁵⁰Mais les Juifs excitèrent les femmes de haut rang qui servaient Dieu et les notables de la ville : ils suscitèrent une persécution contre Paul et Barnabas et les chassèrent de leur territoire. ⁵¹Ceux-ci, après avoir secoué° contre eux la poussière de leurs pieds, se rendirent à Iconium. ⁵²Et les disciples étaient remplis de joie et de l'Esprit Saint.

À Iconium, une grande multitude croit

14 À Iconium, ils entrèrent ensemble dans la synagogue° des Juifs et parlèrent de telle sorte qu'une grande multitude de Juifs et de Grecs° crurent. ²Mais les Juifs qui ne croyaient pas excitèrent et irritèrent les esprits de ceux des nations° contre les frères. ³Ils séjournèrent donc là assez longtemps, parlant hardiment, appuyés sur le Seigneur, qui rendait témoignage à la parole de sa grâce° et accordait que des miracles et des prodiges se produisent par leurs mains. ⁴Mais la multitude de la ville se divisa : les uns étaient avec les Juifs, les autres avec les apôtres°. ⁵Et comme ceux des nations° et les Juifs, avec leurs chefs, s'étaient soulevés pour les outrager et les lapider, ⁶ils l'apprirent et se réfugièrent dans les villes de Lycaonie°, à Lystre, à Derbe et dans les environs ; ⁷et ils y évangélisaient.

À Lystre et à Derbe, guérison d'un handicapé
⁸Il y avait à Lystre un homme impotent des pieds, qui restait continuellement assis ; infirme de naissance, il n'avait jamais marché. ⁹Cet homme écoutait parler Paul qui fixa les yeux sur lui et, voyant qu'il avait la foi pour être guéri[a], ¹⁰lui dit d'une voix forte :

– Lève-toi droit sur tes pieds.

Il se leva d'un bond et se mit à marcher. ¹¹Alors les foules, à la vue de ce que Paul avait fait, élevèrent la voix et dirent en lycaonien :

– Les dieux se sont faits semblables aux hommes et sont descendus vers nous.

¹²Ils appelaient Barnabas Zeus, et Paul Hermès, parce que c'était lui le porte-parole. ¹³Le sacrificateur du Zeus qui était à l'entrée de la ville, ayant amené des taureaux avec des couronnes jusqu'aux portes, voulait offrir un sacrifice avec les foules. ¹⁴Mais, l'ayant appris, les apôtres Barnabas et Paul déchirèrent leurs vêtements[b] et s'élancèrent dans la foule en criant :

– ¹⁵Hommes, pourquoi faites-vous cela ? Nous sommes, nous aussi, des humains, ayant les mêmes penchants[c] que vous. Mais nous vous annonçons une bonne nouvelle : loin de ces choses vaines[d], tournez-vous vers le Dieu vivant, qui a créé le ciel, la terre, la mer et tout ce qui s'y trouve. ¹⁶Si, dans les générations passées, il a laissé toutes les nations°

---

a • *litt. :* sauvé. — b • *geste marquant la contrariété et le chagrin au Moyen-Orient.* — c • *ayant les mêmes sentiments, mobiles, passions.* — d • *ou :* de ces choses de néant ; *cette expression désigne dans l'Ancien Testament le culte des idoles.*

marcher dans leurs propres voies, ¹⁷il n'a pas manqué, pourtant, de rendre témoignage de ce qu'il est par ses bienfaits, en vous donnant du ciel des pluies et des saisons fertiles, rassasiant vos cœurs de nourriture et de joie.
¹⁸C'est à peine si, en disant cela, ils empêchèrent les foules de leur offrir un sacrifice.

Paul est lapidé
¹⁹D'Antioche et d'Iconium survinrent alors des Juifs ; après avoir gagné les foules et lapidé Paul, ils le traînèrent hors de la ville, croyant qu'il était mort. ²⁰Mais, comme les disciples faisaient cercle autour de lui, il se leva et entra dans la ville. Le lendemain, il en repartit avec Barnabas pour se rendre à Derbe. ²¹Ils évangélisèrent cette ville-là et firent beaucoup de disciples, puis ils retournèrent à Lystre, Iconium et Antioche : ²²ils fortifiaient l'âme° des disciples, les exhortaient à persévérer dans la foi, et les avertissaient que c'est par beaucoup d'afflictions qu'il nous faut entrer dans le royaume de Dieu. ²³Après leur avoir désigné des anciens⁰ dans chaque assemblée°, ils prièrent avec jeûne et les recommandèrent au Seigneur en qui ils avaient cru.

Retour des apôtres à Antioche et compte rendu à l'assemblée
²⁴Puis ils traversèrent la Pisidie° et vinrent en Pamphylie° ; ²⁵après avoir annoncé la Parole à Perge, ils descendirent à Attalie ; ²⁶et de là ils se rendirent par mer à Antioche[a], d'où ils avaient été recommandés à la grâce de Dieu pour l'œuvre qu'ils avaient accomplie. ²⁷Une fois arrivés, ils réunirent l'assemblée° et racontèrent tout ce que Dieu avait fait avec eux, et comment il avait ouvert aux nations° la porte de la foi. ²⁸Ils séjournèrent alors assez longtemps avec les disciples.

---

a • Antioche de Syrie : voir Actes 11. 19, et note ; 11. 20-26 ; 13. 1-3.

CONCILE (CONFÉRENCE) DE JÉRUSALEM

Discussion au sujet de la circoncision

15 Mais quelques-uns, descendus de Judée°, enseignaient ainsi les frères : Si vous n'avez pas été circoncis° selon l'usage de Moïse, vous ne pouvez pas être sauvés. ²Comme Paul et Barnabas s'opposaient à eux et que s'élevait une vive discussion, on décida que Paul et Barnabas avec quelques autres d'entre eux monteraient à Jérusalem auprès des apôtres° et des anciens◻ pour cette question. ³Ayant donc été accompagnés par l'assemblée°, ils traversaient la Phénicie[a] et la Samarie°, racontant la conversion des gens des nations° ; et ils causaient une grande joie à tous les frères. ⁴Une fois arrivés à Jérusalem, ils furent reçus par l'assemblée°, les apôtres et les anciens◻ ; ils racontèrent tout ce que Dieu avait fait avec eux. ⁵Mais certains de la secte[b] des pharisiens°, qui avaient cru, se levèrent pour dire qu'il fallait les[c] circoncire° et leur prescrire de garder la loi de Moïse.

Pierre, Paul et Barnabas racontent l'appel des non-Juifs

⁶Les apôtres et les anciens◻ se réunirent pour examiner cette affaire. ⁷Une grande discussion ayant eu lieu, Pierre se leva et leur dit :

— Frères, vous savez vous-mêmes que, dès les premiers jours, Dieu m'a choisi parmi vous, afin que par ma bouche les nations° entendent la parole de l'évangile° et qu'elles croient. ⁸Et Dieu, qui connaît les cœurs, leur a rendu témoignage : il leur a donné l'Esprit Saint° comme à nous-mêmes ; ⁹il n'a fait aucune différence entre nous et eux, ayant purifié leurs cœurs par la foi. ¹⁰Maintenant donc, pourquoi tentez-vous Dieu, en mettant sur le cou des disciples un joug que ni nos pères° ni nous n'avons pu porter ? ¹¹Mais nous croyons que nous sommes sauvés par la grâce° du Seigneur Jésus, absolument comme eux.

---

a • Phénicie, *la région de Tyr et Sidon.* — b • *ou :* du parti. — c • c.-à-d. : les gens des nations devenus chrétiens (v. 3).

¹²Alors toute la multitude se tut; et ils écoutaient Barnabas et Paul qui racontaient combien de miracles et de prodiges Dieu avait faits par leur moyen parmi les nations°. ¹³Quand ils se turent, Jacques▽ prit la parole et dit :
— Frères, écoutez-moi : ¹⁴Siméon[a] a raconté comment Dieu a commencé à visiter les nations° pour en tirer un peuple pour son nom. ¹⁵Cela s'accorde avec les paroles des prophètes, comme il est écrit : ¹⁶« Après ces choses, je retournerai et je reconstruirai la tente de David, qui est tombée, je reconstruirai ses ruines et je la relèverai, ¹⁷de sorte que le reste° des hommes recherche le Seigneur*, ainsi que toutes les nations sur lesquelles mon Nom est invoqué, dit le Seigneur*, qui fait ces choses » ¹⁸connues depuis longtemps. ¹⁹C'est pourquoi moi, je suis d'avis de ne pas inquiéter ceux des nations° qui se tournent vers Dieu, ²⁰mais de leur écrire qu'ils s'abstiennent des souillures des idoles, de la fornication°, de ce qui est étouffé et du sang ; ²¹car Moïse, depuis les générations anciennes, a dans chaque ville des prédicateurs, puisqu'on le lit dans les synagogues° chaque sabbat°.

Décision de la conférence :
les chrétiens non-Juifs ne sont pas sous la loi de Moïse
²²Alors il sembla bon aux apôtres et aux anciens[q], en accord avec toute l'assemblée°, de choisir parmi eux des hommes et de les envoyer à Antioche avec Paul et Barnabas : ce furent Judas, appelé Barsabbas, et Silas, hommes estimés parmi les frères. ²³Ils leur mirent en main la lettre suivante : Les apôtres, les anciens[q] et les frères, aux frères d'entre les nations° qui sont à Antioche, en Syrie et en Cilicie° : Salut ! ²⁴Comme nous avons appris que certains, qui sont sortis d'entre nous, vous ont troublés par des discours, bouleversant vos âmes° (nous ne leur avons donné aucun ordre), ²⁵il nous a semblé bon, d'un commun accord, de choisir parmi nous des hommes et de vous les envoyer avec nos bien-aimés

---

a • voir v. 7, Simon (Pierre).

Barnabas et Paul, ²⁶hommes qui ont exposé leur vie pour le nom de notre Seigneur Jésus Christ. ²⁷Nous avons donc envoyé Judas et Silas, qui vous communiqueront de vive voix les mêmes choses. ²⁸Car il a semblé bon au Saint Esprit et à nous de ne mettre sur vous aucune autre charge que ces prescriptions qui sont indispensables : ²⁹s'abstenir de ce qui est sacrifié aux idoles, du sang, de ce qui est étouffé et de la fornication°. Si vous vous gardez de tout cela, vous ferez bien. Portez-vous bien.

La décision est communiquée à Antioche

³⁰Eux[a] donc, ayant pris congé, vinrent à Antioche ; après avoir réuni la multitude, ils remirent la lettre. ³¹Lecture en fut faite, et l'on se réjouit de cet encouragement. ³²Puis Judas et Silas, qui eux aussi étaient prophètes[b], exhortèrent beaucoup les frères et les fortifièrent. ³³Quand ils eurent séjourné là quelque temps, les frères les laissèrent aller en paix, vers ceux qui les avaient envoyés. ³⁵Quant à Paul et Barnabas, ils séjournèrent à Antioche, enseignant et annonçant, avec beaucoup d'autres aussi, la parole du Seigneur.

DEUXIÈME VOYAGE MISSIONNAIRE DE PAUL

Paul et Silas en Syrie et Cilicie, Barnabas et Marc à Chypre

³⁶Quelques jours après, Paul dit à Barnabas :

– Retournons maintenant visiter les frères dans chacune des villes où nous avons annoncé la parole du Seigneur, pour voir comment ils vont.

³⁷Barnabas se proposait de prendre aussi avec eux Jean, appelé Marc[c]. ³⁸Mais Paul jugeait bon de ne pas prendre avec eux quelqu'un qui les avait abandonnés dès la Pamphylie[d] et n'était pas allé à l'œuvre avec eux. ³⁹Il y eut donc entre eux de l'irritation, au point qu'ils se séparèrent l'un de l'autre, et que Barnabas, prenant Marc, fit voile pour Chypre. ⁴⁰Mais Paul, lui, choisit Silas et partit, après avoir

---

a • *les porteurs de la lettre* (v. 22, 23, 25b, 27). — b • *au sens de :* celui qui édifie, exhorte, console les croyants (*voir* 1 Corinthiens 14. 3, 31). — c • *voir* Actes 12. 25. — d • *voir* Actes 13. 13.

été recommandé à la grâce du Seigneur par les frères. ⁴¹Et il parcourait la Syrie et la Cilicie°, fortifiant les assemblées°.

Timothée rejoint Paul et Silas

16 Il arriva à Derbe et à Lystre. Et voici, il y avait là un disciple nommé Timothée, fils d'une Juive croyante, mais d'un père grec ; ²il avait un bon témoignage des frères se trouvant à Lystre et à Iconium. ³Paul voulut qu'il aille avec lui : il le prit et le circoncit°, à cause des Juifs qui étaient dans cette région ; car tous savaient que son père était grec. ⁴Dans les villes où ils passaient, ils transmettaient aux frères, pour les garder, les prescriptions[a] établies par les apôtres° et les anciens° qui étaient à Jérusalem. ⁵Les assemblées°, donc, étaient affermies dans la foi et croissaient en nombre chaque jour.

Paul et ses compagnons partent pour la Macédoine

⁶Ils traversèrent la Phrygie° et le pays de Galatie°, ayant été empêchés par le Saint Esprit° d'annoncer la Parole en Asie° ; ⁷parvenus près de la Mysie°, ils essayèrent de se rendre en Bithynie°, mais l'Esprit de Jésus ne le leur permit pas. ⁸Ils traversèrent la Mysie°, puis descendirent à Troas°. ⁹Et Paul eut de nuit une vision : un Macédonien se tenait debout, lui faisant cette requête :

– Passe en Macédoine° et aide-nous !

¹⁰À la suite de cette vision, nous[b] avons aussitôt cherché à partir pour la Macédoine, concluant que le Seigneur nous avait appelés à évangéliser° ses habitants. ¹¹Quittant donc Troas°, nous avons fait voile en direction de Samothrace, le lendemain en direction de Néapolis ¹²et de là vers Philippes, qui est la première ville du district de la Macédoine et une colonie[c] ; nous avons passé quelques jours dans cette ville.

---

a• *voir Actes 15. 28-29 ; 21. 25.* — b• *L'auteur du récit, l'évangéliste Luc (voir Actes 1. 1 et note), se joint ici à Paul et ses compagnons.* — c• *colonie romaine.*

Lydie, la première convertie en Europe

¹³ Le jour du sabbat°, nous avons franchi la porte de la ville et nous nous sommes rendus au bord du fleuve, où l'on avait coutume de faire la prière ; nous nous sommes assis, et nous parlions aux femmes qui étaient assemblées. ¹⁴ Une femme nommée Lydie, marchande de pourpre de la ville de Thyatire[a], qui servait Dieu, écoutait : le Seigneur lui ouvrit le cœur pour qu'elle soit attentive à ce que Paul disait. ¹⁵ Après qu'elle eut été baptisée ainsi que sa maison[b], elle nous fit cette demande :

— Si vous jugez que je suis fidèle au Seigneur, entrez dans ma maison et demeurez-y. Et elle nous y contraignit.

Paul et Silas sont battus et mis en prison

¹⁶ Comme nous allions à la prière, une servante qui avait un esprit de divination et qui, en prophétisant, procurait à ses maîtres un grand gain, vint à notre rencontre. ¹⁷ Elle se mit à nous suivre, Paul et nous, et elle criait :

— Ces hommes sont les esclaves du Dieu Très-haut ; ils vous annoncent la voie du salut°.

¹⁸ Elle fit cela pendant plusieurs jours. Excédé, Paul se retourna et dit à l'esprit[c] :

— Je te commande, au nom de Jésus Christ, de sortir d'elle.

Et à l'heure même, l'esprit sortit. ¹⁹ Mais ses maîtres, voyant disparaître leur espoir de gain, saisirent Paul et Silas et les traînèrent jusqu'à la place publique devant les magistrats. ²⁰ Après les avoir présentés aux préteurs[d], ils dirent :

— Ces hommes, qui sont des Juifs, jettent le trouble dans notre ville ²¹ et annoncent des coutumes qu'il ne nous est pas permis de recevoir ni de pratiquer, à nous qui sommes Romains[e].

---

a • *en Asie°.* — b • *le mot* maison° *désigne l'ensemble des personnes qui vivent sous le même toit.* — c • *voir* démons°. — d • *magistrats de cette colonie romaine (v. 12) chargés de la justice.* — e • *Romains d'origine ou possédant la citoyenneté° romaine.*

Vers minuit, Paul et Silas, en priant, chantaient les louanges de Dieu ; et les prisonniers les écoutaient. (chap. 16. 25)

²²La foule s'ameuta contre eux ; et les préteurs, ayant fait arracher leurs vêtements, donnèrent l'ordre de les battre de verges. ²³Après leur avoir fait donner un grand nombre de coups, ils les jetèrent en prison, en commandant au geôlier de les tenir sous bonne garde. ²⁴Celui-ci, ayant reçu un tel ordre, les jeta dans la prison intérieure et fixa sûrement leurs pieds dans le bois[a].

Conversion du geôlier
²⁵Vers minuit, Paul et Silas, en priant, chantaient les louanges de Dieu ; et les prisonniers les écoutaient. ²⁶Soudain il y eut un tremblement de terre si violent que les fondements de la prison furent ébranlés ; au même instant, toutes les portes s'ouvrirent et les liens de tous furent détachés. ²⁷Réveillé, le geôlier vit les portes de la prison ouvertes : il tira son épée et allait se tuer, croyant que les prisonniers s'étaient enfuis. ²⁸Mais Paul cria d'une voix forte :

– Ne te fais point de mal, car nous sommes tous ici.

---

a • *entraves de bois.*

²⁹Ayant demandé de la lumière, le geôlier s'élança dans la prison ; tout tremblant, il se jeta aux pieds de Paul et de Silas. ³⁰Il les mena dehors[a] et dit :

– Seigneurs, que faut-il que je fasse pour être sauvé ? ³¹Ils dirent :

– Crois au Seigneur Jésus et tu seras sauvé, toi et ta maison.

³²Puis ils lui annoncèrent la parole du Seigneur, ainsi qu'à tous ceux qui étaient dans sa maison. ³³Alors il les prit, en cette heure même de la nuit, il lava leurs plaies ; et sur-le-champ il fut baptisé, ainsi que tous les siens. ³⁴Il les fit ensuite monter dans sa maison et dressa la table[b] ; croyant Dieu, il se réjouit avec toute sa maison.

Paul et Silas relâchés

³⁵Au lever du jour, les préteurs envoyèrent les licteurs[c] pour dire : Relâche ces hommes. ³⁶Le geôlier rapporta ces paroles à Paul : Les préteurs envoient dire de vous relâcher ; sortez donc maintenant, et allez en paix. ³⁷Mais Paul leur dit :

– Après nous avoir fait battre publiquement, sans que nous soyons condamnés, nous qui sommes des Romains[d], ils nous ont jetés en prison ; et maintenant ils nous mettent dehors en secret ! Non pas ! qu'ils viennent eux-mêmes nous libérer !

³⁸Les licteurs rapportèrent ces paroles aux préteurs. Ceux-ci prirent peur, quand ils apprirent qu'ils étaient Romains. ³⁹Ils vinrent donc les supplier, puis les menèrent dehors et leur demandèrent de quitter la ville. ⁴⁰Une fois sortis de la prison, Paul et Silas entrèrent chez Lydie[e] ; après avoir vu et exhorté les frères, ils partirent.

Paul et Silas à Thessalonique

17 Ils traversèrent Amphipolis et Apollonie, et vinrent à Thessalonique, où se trouvait la synagogue° des Juifs. ²Selon sa coutume, Paul entra auprès

---

a • *c.-à-d.* : à l'air libre, hors du cachot. — b • *c.-à-d.* : leur servit à manger. — c • les huissiers *"porteurs des faisceaux de verges"* (v. 22). — d • *voir citoyenneté°* ; Actes 16. 21, et note ; 22. 26-28. — e • *voir* v. 14-15.

d'eux et, pendant trois sabbats°, il s'entretint avec eux d'après les Écritures ; ³il expliquait et démontrait qu'il fallait que le Christ° souffre et qu'il ressuscite d'entre les morts : Ce Jésus, que moi je vous annonce, disait-il, c'est le Christ. ⁴Certains d'entre eux furent persuadés et se joignirent à Paul et à Silas, ainsi qu'une grande multitude de Grecs° qui servaient Dieu, en particulier des femmes de premier rang, en assez grand nombre.

Des Juifs jaloux ameutent la foule

⁵Mais les Juifs, pleins de jalousie, prirent de méchants hommes de la populace, ameutèrent la foule et semèrent le désordre dans la ville ; puis ils assaillirent la maison de Jason : ils cherchaient Paul et Silas pour les amener devant le peuple. ⁶Mais comme ils ne les avaient pas trouvés, ils traînèrent Jason et quelques frères devant les magistrats de la ville, en criant :

– Ces gens, qui ont bouleversé la terre habitée, sont aussi venus ici ; ⁷et Jason les a reçus chez lui ; ils contreviennent tous aux ordonnances de César°, disant qu'il y a un autre roi, Jésus.

⁸La foule et les magistrats de la ville, qui entendaient ces paroles, s'inquiétèrent. ⁹Mais après avoir reçu caution de Jason et des autres, on les relâcha.

Paul et Silas à Bérée

¹⁰Aussitôt les frères envoyèrent Paul et Silas, de nuit, à Bérée. À leur arrivée, ils se rendirent à la synagogue° des Juifs. ¹¹Ceux-ci avaient des sentiments plus nobles que ceux de Thessalonique : ils reçurent la Parole avec toute bonne volonté, examinant chaque jour les Écritures pour voir s'il en était bien ainsi. ¹²Beaucoup d'entre eux crurent, ainsi que des femmes grecques de haut rang et aussi des hommes, en assez grand nombre. ¹³Mais quand les Juifs de Thessalonique surent que la parole de Dieu était également annoncée par Paul à Bérée, ils vinrent là encore agiter et troubler les foules. ¹⁴Alors les frères se hâtèrent de faire partir Paul, en direction de la mer ; mais Silas et Timothée restèrent là. ¹⁵Ceux qui

conduisaient Paul le menèrent jusqu'à Athènes ; après avoir reçu l'ordre pour Silas et Timothée de le rejoindre au plus tôt, ils s'en retournèrent.

Paul seul à Athènes

^{16}Tandis que Paul les attendait à Athènes, son esprit, en lui, s'irritait de voir la ville remplie d'idoles. ^{17}Il s'entretenait donc dans la synagogue° avec les Juifs et ceux qui servaient Dieu, et, tous les jours, sur la place publique, avec ceux qui s'y rencontraient. ^{18}Il se trouva même des philosophes épicuriens et stoïciens pour s'en prendre à lui ; les uns disaient :

— Que peut bien vouloir dire ce discoureur ? et d'autres :

— Il semble annoncer des divinités étrangères – parce que Paul leur annonçait Jésus et la résurrection.

^{19}Ils le prirent et le menèrent à l'Aréopage[a], en disant :

— Pourrions-nous savoir quelle est cette nouvelle doctrine° dont tu parles ? ^{20}Car tu nous fais entendre des propos étranges ; nous voudrions bien savoir ce que cela veut dire.

^{21}Or tous les Athéniens et les étrangers séjournant à Athènes ne passaient leur temps qu'à dire ou à écouter quelque nouvelle.

Discours de Paul à l'Aréopage

^{22}Alors Paul, debout au milieu de l'Aréopage, déclara :

— Athéniens, je vois qu'à tous égards vous êtes attachés au culte des divinités ; ^{23}car, en parcourant votre ville et en considérant les monuments de votre culte, j'ai même trouvé un autel avec cette inscription : Au dieu inconnu ! Celui donc que vous honorez sans le connaître, c'est celui que moi je vous annonce. ^{24}Le Dieu qui a créé le monde et tout ce qu'il contient, lui qui est le Seigneur du ciel et de la terre,

---

a • *conseil de notables qui se réunissait sur une colline d'Athènes portant ce nom (l'Aréopage).*

n'habite pas dans des temples° faits de main ; ²⁵et il n'est pas servi par des mains d'hommes, comme s'il avait besoin de quoi que ce soit, lui qui donne à tous vie, respiration et absolument tout. ²⁶Et il a fait d'un seul sang tous les peuples de l'humanité pour habiter sur toute la face de la terre, ayant fixé des périodes déterminées, ainsi que les bornes de leur habitation, ²⁷pour qu'ils cherchent Dieu, en s'efforçant si possible de le toucher comme à tâtons et de le trouver, quoiqu'il ne soit pas loin de chacun de nous. ²⁸En effet, en lui nous vivons et nous nous mouvons et nous sommes, comme d'ailleurs ont dit certains de vos poètes : "Car aussi nous sommes sa race". ²⁹Puisque nous sommes la race de Dieu, nous ne devons pas penser que la divinité soit semblable à de l'or, à de l'argent ou à de la pierre, à une œuvre façonnée par l'art et l'imagination de l'homme. ³⁰Dieu donc, ayant passé par-dessus les temps de l'ignorance, ordonne maintenant aux hommes que tous, en tous lieux, ils se repentent° ; ³¹parce qu'il a fixé un jour° où il doit juger avec justice la terre habitée, par l'Homme qu'il a destiné à cela, ce dont il a donné une preuve certaine à tous, en le ressuscitant d'entre les morts.

³²Quand ils entendirent parler de la résurrection des morts, les uns se moquaient et les autres disaient :

– Nous t'entendrons une autre fois sur ce sujet.

³³C'est ainsi que Paul se retira du milieu d'eux. ³⁴Pourtant, certains se joignirent à lui et crurent ; parmi eux il y avait notamment Denys, l'Aréopagite[a], une femme nommée Damaris, et d'autres avec eux.

Paul à Corinthe

18 Après cela, Paul partit d'Athènes et vint à Corinthe ; ²il y trouva un Juif, nommé Aquilas, originaire du Pont°, tout récemment venu d'Italie, ainsi

---

a • *membre de l'Aréopage* (Actes 17. 19 *et note*).

que sa femme Priscilla (parce que Claude[a] avait commandé à tous les Juifs de quitter Rome), et il se joignit à eux. ³Comme il était du même métier, il demeura chez eux et y travaillait, car leur métier était de faire des tentes. ⁴Chaque sabbat°, il avait des entretiens dans la synagogue° et s'efforçait de persuader et Juifs et Grecs°.

⁵Quand Silas ainsi que Timothée furent descendus de Macédoine°, Paul était étreint par la parole : il rendait témoignage aux Juifs que Jésus était le Christ°. ⁶Comme ils résistaient et blasphémaient, il secoua° ses vêtements et leur dit :

— Que votre sang soit sur votre tête ! Moi, j'en suis net : désormais je m'en irai vers les nations°.

⁷Il partit de là et entra dans la maison d'un nommé Juste qui servait Dieu, et dont la maison touchait à la synagogue°. ⁸Mais Crispus, le chef de synagogue, crut au Seigneur avec toute sa maison° ; et beaucoup de Corinthiens qui écoutaient croyaient et étaient baptisés. ⁹Une nuit, le Seigneur dit à Paul dans une vision :

— Ne crains pas, mais parle, ne te tais pas, ¹⁰parce que je suis avec toi ; et personne ne mettra les mains sur toi pour te faire du mal, parce que j'ai un grand peuple dans cette ville.

¹¹Paul demeura donc là un an et demi, enseignant parmi eux la parole de Dieu.

Indifférence de Gallion

¹²Mais pendant que Gallion était proconsul° d'Achaïe°, les Juifs, d'un commun accord, s'élevèrent contre Paul et l'amenèrent devant le tribunal, ¹³en disant :

— Cet individu cherche à persuader les gens de servir Dieu d'une manière contraire à la Loi.

¹⁴Comme Paul allait ouvrir la bouche, Gallion dit aux Juifs :

— S'il s'agissait de quelque injustice ou de quelque méchante fourberie, je vous écouterais, Juifs, comme il se doit ; ¹⁵mais si ce sont des questions de

---

a • *Cet empereur régna de 41 à 54 ap. J.-C. (voir César°).*

mots, de noms et de votre Loi, vous y mettrez ordre vous-mêmes : moi, je ne veux pas être juge en ces matières.

¹⁶Et il les chassa du tribunal. ¹⁷Alors ils se saisirent tous de Sosthène, le chef de synagogue°, et ils le battaient, devant le tribunal ; mais Gallion ne se mettait pas en peine de tout cela.

¹⁸Paul demeura à Corinthe encore assez longtemps, puis il prit congé des frères et s'embarqua pour la Syrie, accompagné de Priscilla et d'Aquilas, après s'être fait raser la tête à Cenchrée, car il avait fait un vœu. ¹⁹Il arriva à Éphèse et les y laissa ; lui-même entra dans la synagogue° et s'entretint avec les Juifs.

²⁰Comme ils le priaient de demeurer plus longtemps avec eux, il n'y consentit pas, ²¹mais il prit congé d'eux, en disant :

– Il faut absolument que je célèbre la fête prochaine à Jérusalem ; je reviendrai ensuite vers vous, si Dieu le veut.

Et il partit d'Éphèse par mer. ²²Il aborda à Césarée, monta saluer l'assemblée°, puis descendit à Antioche.

TROISIÈME VOYAGE MISSIONNAIRE DE PAUL

²³Après y avoir séjourné quelque temps, il s'en alla et traversa successivement le pays de Galatie° et la Phrygie°, fortifiant tous les disciples.

Apollos à Éphèse puis en Achaïe

²⁴Or un Juif nommé Apollos, originaire d'Alexandrie[a], était arrivé à Éphèse ; c'était un homme éloquent et puissant dans les Écritures. ²⁵Il était instruit dans la voie° du Seigneur ; et, fervent d'esprit, il parlait et enseignait avec exactitude ce qui concernait Jésus ; toutefois, il ne connaissait que le baptême de Jean[b]. ²⁶Il se mit donc à parler avec hardiesse dans la synagogue°. Après l'avoir entendu,

---

a • *port sur la Méditerranée, et capitale de l'Égypte, deuxième ville de l'Empire romain.* — b • *voir* Luc 3. 2-16.

Aquilas et Priscilla le prirent à part et lui expliquèrent plus exactement la voie° de Dieu. ²⁷Comme Apollos se proposait de passer en Achaïe°, les frères écrivirent aux disciples et les exhortèrent à le recevoir ; quand il y fut arrivé, il contribua beaucoup par la grâce aux progrès de ceux qui avaient cru ; ²⁸car il réfutait publiquement les Juifs avec une grande force, démontrant par les Écritures que Jésus était le Christ°.

Paul à Éphèse

19 Il arriva, comme Apollos était à Corinthe, que Paul, après avoir traversé l'arrière-pays, vint à Éphèse, où il trouva quelques disciples ; ²il leur dit :
— Avez-vous reçu l'Esprit Saint° après avoir cru ?
Ils lui répondirent :
— Mais nous n'avons même pas entendu dire que l'Esprit Saint soit venu ! ³Il leur dit alors :
— De quel baptême avez-vous donc été baptisés ?
Ils dirent :
— Du baptême de Jean. ⁴Paul reprit :
— Jean a baptisé du baptême de la repentance°, en invitant le peuple à croire en celui qui venait après lui, c'est-à-dire en Jésus.
⁵Ayant écouté, ils furent baptisés pour le nom du Seigneur Jésus ; ⁶après que Paul leur eut imposé les mains, l'Esprit Saint vint sur eux : ils se mirent à parler en langues et à prophétiser. ⁷Or ils étaient en tout environ douze hommes.
⁸Paul entra dans la synagogue° et parla avec hardiesse ; pendant trois mois, il s'entretint avec eux, les persuadant de ce qui concerne le royaume de Dieu. ⁹Mais comme certains s'endurcissaient et refusaient de croire, disant du mal de la Voie° devant la multitude, il se retira d'eux et mit à part les disciples, prenant la parole chaque jour dans l'école de Tyrannus. ¹⁰Cela continua pendant deux ans, si bien que tous ceux qui habitaient en Asie° entendirent la parole du Seigneur, tant Juifs que Grecs°.

Miracles à Éphèse

[11] Dieu faisait des miracles extraordinaires par les mains de Paul, [12] au point même qu'on portait sur les infirmes des mouchoirs et des tabliers qui avaient touché son corps : les maladies les quittaient et les esprits malins° sortaient. [13] Certains Juifs, exorcistes[a] itinérants, essayèrent aussi d'invoquer le nom du Seigneur Jésus sur ceux qui avaient des esprits malins, en disant : Je vous adjure par Jésus que Paul prêche. [14] Sept fils de Scéva, Juif, principal sacrificateur°, pratiquaient cela. [15] Mais l'esprit malin leur répondit :

– Je connais Jésus et je sais qui est Paul ; mais vous, qui êtes-vous ? [16] L'homme en qui était l'esprit malin s'élança sur eux, en maîtrisa deux et les malmena si fort qu'ils s'enfuirent de cette maison, nus et blessés. [17] Le fait fut connu de tous ceux qui demeuraient à Éphèse, Juifs et Grecs° : ils furent tous saisis de crainte, et le nom du Seigneur Jésus était magnifié. [18] Beaucoup de ceux qui avaient cru venaient confesser et déclarer ce qu'ils avaient fait. [19] Un bon nombre aussi de ceux qui s'étaient adonnés à des pratiques occultes apportèrent leurs livres et les brûlèrent devant tous ; on en estima la valeur et on trouva qu'elle se montait à cinquante mille pièces d'argent. [20] C'est avec une telle puissance que la parole du Seigneur croissait et montrait sa force.

[21] Après tous ces événements, Paul se proposa dans son esprit de passer par la Macédoine° et par l'Achaïe° et d'aller à Jérusalem. Il disait : Après y être allé, il faut aussi que je voie Rome. [22] Il envoya en Macédoine° deux de ceux qui l'assistaient, Timothée et Éraste, mais demeura lui-même quelque temps en Asie°.

Émeute à Éphèse

[23] C'est à cette époque-là que se produisit un grand trouble au sujet de la Voie° : [24] un homme nommé Démétrius, orfèvre qui faisait des temples

---

[a] • Ils prétendaient chasser les démons° de ceux qui en étaient possédés.

d'Artémis[a] en argent, procurait un grand profit aux artisans; [25]il les réunit, avec ceux qui travaillaient à des ouvrages semblables, et leur dit:

— Hommes, vous savez que notre aisance provient de ce travail; [26]vous constatez et vous entendez dire que non seulement à Éphèse, mais à travers presque toute l'Asie°, ce Paul, usant de persuasion, a détourné une grande foule, en disant qu'ils ne sont pas des dieux, ceux qui sont faits de main. [27]Non seulement il y a du danger pour nous que cette activité tombe en discrédit, mais aussi que le temple de la grande déesse Artémis soit tenu pour rien, et qu'enfin sa majesté, qui est révérée à travers l'Asie° entière et la terre habitée, soit anéantie. [28]À ces mots, ils furent remplis de colère et se mirent à crier:

— Grande est l'Artémis des Éphésiens!

[29]Alors toute la ville fut remplie de confusion; d'un commun accord, ils se précipitèrent dans le théâtre, entraînant avec eux Gaïus et Aristarque, Macédoniens, compagnons de voyage de Paul. [30]Comme Paul voulait se présenter devant le peuple, les disciples ne le lui permirent pas; [31]même certains Asiarques[b] de ses amis le firent prier de ne pas s'aventurer dans le théâtre. [32]Les uns donc criaient une chose, les autres une autre; car l'assemblée était en pleine confusion, et la plupart ne savaient pas pourquoi ils étaient réunis. [33]On tira de la foule Alexandre, que les Juifs poussaient en avant; et Alexandre faisait signe de la main qu'il voulait s'expliquer devant le peuple. [34]Mais quand ils s'aperçurent qu'il était Juif, tous crièrent d'une seule voix, durant près de deux heures:

— Grande est l'Artémis des Éphésiens!

[35]Le secrétaire de la ville apaisa la foule et dit:

— Éphésiens, quel est l'homme au monde qui ignore que la ville des Éphésiens est consacrée à la garde du temple de la grande Artémis et à la statue tombée du ciel? [36]Ces faits étant incontestables, il convient que vous vous teniez tranquilles et que

---

a • *divinité grecque, vénérée en Asie Mineure, appelée Diane par les Romains.* —
b • *magistrats présidant l'assemblée légale.*

vous ne fassiez rien précipitamment ; ³⁷car vous avez amené ces hommes, qui ne sont ni des voleurs sacrilèges[a], ni des blasphémateurs de notre déesse. ³⁸Si donc Démétrius et les artisans qui sont avec lui ont un grief contre quelqu'un, les tribunaux sont ouverts et il y a des magistrats ; qu'ils portent plainte. ³⁹Et si vous avez une réclamation à faire sur d'autres sujets, on en décidera dans l'assemblée légale ; ⁴⁰car nous risquons d'être accusés d'émeute pour ce qui s'est passé aujourd'hui, puisqu'il n'y a pas de motif que nous puissions alléguer pour rendre compte de cet attroupement.
⁴¹Cela dit, il congédia l'assemblée.

Paul en Macédoine et en Grèce

20 Après que l'agitation eut cessé, Paul fit venir les disciples et les exhorta[b] ; puis il les embrassa et partit pour la Macédoine°. ²Il traversa ces régions-là, où il exhorta beaucoup les disciples, et parvint en Grèce. ³Après un séjour de trois mois, comme les Juifs avaient comploté contre lui, au moment où il allait s'embarquer pour la Syrie, on fut d'avis de s'en retourner par la Macédoine. ⁴Il était accompagné jusqu'en Asie° par Sopater de Bérée, fils de Pyrrhus, par les Thessaloniciens Aristarque et Second, par Gaïus de Derbe et Timothée, ainsi que par Tychique et Trophime, originaires d'Asie. ⁵Ceux-ci avaient pris les devants et nous attendaient à Troas°. ⁶Quant à nous, nous avons embarqué à Philippes, après les jours des Pains° sans levain, et nous sommes arrivés au bout de cinq jours auprès d'eux, à Troas°, où nous avons passé sept jours.

Un dimanche à Troas

⁷Le premier jour de la semaine, comme nous étions assemblés pour rompre le pain, Paul, qui devait partir le lendemain, s'entretenait avec eux et continua de parler jusqu'à minuit. ⁸Or il y avait un grand nombre de lampes dans la chambre haute où nous

---

a • des pilleurs de temple. — b • ou : encouragea.

étions assemblés. ⁹Un jeune homme nommé Eutyche était assis sur la fenêtre ; accablé d'un profond sommeil, comme Paul parlait très longuement, il tomba, sous l'effet du sommeil, du troisième étage jusqu'en bas et fut relevé mort. ¹⁰Mais Paul, qui était descendu, se pencha sur lui, le prit dans ses bras et dit :

– Ne soyez pas troublés, car son âme° est en lui.

¹¹Puis il remonta, rompit le pain, mangea ; ensuite il continua à converser jusqu'à l'aube et partit. ¹²Ils amenèrent le jeune garçon vivant : ce fut pour eux une immense consolation.

De Troas à Milet

¹³Pour nous, qui avions devancé Paul sur le navire, nous avons fait voile vers Assos où nous devions le prendre à bord : il l'avait ainsi ordonné, ayant l'intention d'aller lui-même à pied. ¹⁴Lorsqu'il nous a rejoints à Assos, nous l'avons pris à bord et nous sommes allés à Mitylène. ¹⁵De là, nous avons regagné le large et sommes arrivés le lendemain à la hauteur de Chios ; le jour suivant, nous avons touché à Samos ; après une halte à Trogylle, nous sommes parvenus le jour d'après à Milet. ¹⁶En effet, Paul avait résolu de passer au large d'Éphèse, de manière à ne pas s'attarder en Asie°, car il se hâtait pour être à Jérusalem, si possible, le jour de la Pentecôte.

Les adieux de Paul aux anciens d'Éphèse

¹⁷De Milet, il envoya un message à Éphèse, pour faire venir les anciens⁰ de l'assemblée°. ¹⁸Quand ils furent venus vers lui, il leur dit :

– Vous savez de quelle manière je me suis tout le temps conduit parmi vous, depuis le premier jour où je suis entré en Asie° : ¹⁹j'ai servi le Seigneur en toute humilité, dans les larmes et au milieu des épreuves qui me sont arrivées à cause des complots des Juifs ; ²⁰sans rien cacher de ce qui est profitable, je vous ai prêché, je vous ai enseigné, publiquement

Quand les anciens de l'assemblée furent venus vers lui, il leur dit : "... J'ai servi le Seigneur en toute humilité, dans les larmes et au milieu des épreuves..."
(chap. 20. 18, 19)

et dans les maisons, ²¹en insistant auprès des Juifs comme des Grecs° sur la repentance° envers Dieu et la foi en notre Seigneur Jésus Christ°.

²²Et voici que maintenant, lié dans mon esprit, je vais à Jérusalem, ne sachant pas ce qui doit m'y arriver, ²³sauf que l'Esprit Saint°, de ville en ville, me rend témoignage que des liens et des tribulations m'attendent. ²⁴Mais je ne fais aucun cas de ma vie, ni ne la tiens pour précieuse à moi-même, pourvu que j'achève ma course et le service que j'ai reçu du Seigneur Jésus : rendre témoignage à l'évangile° de la grâce° de Dieu.

²⁵Et voici maintenant, je sais que vous tous, parmi lesquels j'ai passé en prêchant le royaume de Dieu, vous ne verrez plus mon visage. ²⁶C'est pourquoi je vous prends aujourd'hui à témoin que je suis net du sang de tous, ²⁷car je n'ai mis aucune réserve à vous annoncer tout le dessein de Dieu. ²⁸Prenez donc garde à vous-mêmes et à tout le troupeau au milieu duquel l'Esprit Saint vous a établis surveillants° pour paître l'assemblée° de Dieu, qu'il a acquise par le sang de son propre Fils. ²⁹Moi je sais qu'après mon départ il entrera parmi vous des loups redoutables qui n'épargneront pas le troupeau ; ³⁰et du

milieu de vous-mêmes se lèveront des hommes qui annonceront des doctrines perverses pour entraîner les disciples après eux. ³¹C'est pourquoi veillez, en vous souvenant que, durant trois ans, je n'ai cessé nuit et jour d'avertir chacun de vous avec larmes.

³²Et maintenant je vous recommande à Dieu et à la parole de sa grâce, qui a la puissance d'édifier et de vous donner un héritage avec tous les sanctifiés°. ³³Je n'ai convoité ni l'argent, ni l'or, ni le vêtement de personne. ³⁴Vous savez vous-mêmes que ces mains ont été employées pour mes besoins et pour les personnes qui étaient avec moi. ³⁵Je vous ai montré en toutes choses qu'en travaillant ainsi, il nous faut secourir les faibles et nous souvenir des paroles du Seigneur Jésus qui lui-même a dit : Il est plus heureux de donner que de recevoir.

³⁶Ayant dit cela, il se mit à genoux et pria avec eux tous. ³⁷Ils versaient tous beaucoup de larmes et, se jetant au cou de Paul, ils le couvraient de baisers ; ³⁸ils étaient surtout affligés à cause de la parole qu'il avait dite, qu'ils ne verraient plus son visage. Puis ils l'accompagnèrent jusqu'au navire.

Avertissements au cours du voyage à Jérusalem

21 Après nous être arrachés à eux, nous avons gagné le large ; puis, voguant en droite ligne, nous sommes arrivés à Cos, le jour suivant à Rhodes, et de là à Patara. ²Trouvant là un navire en partance pour la Phénicie, nous y sommes montés et avons gagné le large. ³Arrivés en vue de Chypre et l'ayant laissée sur notre gauche, nous avons navigué vers la Syrie et abordé à Tyr : c'était là que le navire devait décharger sa cargaison. ⁴Nous y avons trouvé les disciples et nous sommes restés sept jours. Ils disaient à Paul, par l'Esprit, de ne pas monter à Jérusalem. ⁵Pourtant, au terme de ces jours, nous sommes repartis et nous avons repris notre voyage : tous nous ont accompagnés avec femmes et enfants jusqu'en dehors de la ville ; nous nous sommes mis à genoux sur le rivage et nous avons prié. ⁶Après nous être embrassés, nous sommes montés à bord du navire, tandis qu'ils s'en retournaient chez eux. ⁷Quant à nous, achevant notre traversée, nous sommes arrivés de Tyr à Ptolémaïs ; après avoir salué les frères, nous sommes restés un jour auprès d'eux.

⁸Repartis le lendemain, nous sommes venus à Césarée, et entrés dans la maison de Philippe l'évangéliste qui était l'un des sept[a], nous avons demeuré chez lui. ⁹Il avait quatre filles vierges qui prophétisaient. ¹⁰Comme nous nous étions arrêtés là plusieurs jours, un prophète nommé Agabus descendit de la Judée° ; ¹¹il vint nous trouver, prit la ceinture de Paul, s'en lia les pieds et les mains et déclara :

– Voici ce que dit l'Esprit Saint° : L'homme à qui appartient cette ceinture, les Juifs à Jérusalem le lieront ainsi et le livreront entre les mains des nations°.

¹²Quand nous avons entendu cela, nous et ceux de l'endroit, nous l'avons supplié de ne pas monter à Jérusalem. ¹³Mais Paul répondit :

– Que faites-vous à pleurer et à me briser le cœur ? Pour moi, je suis prêt, non seulement à être lié, mais encore à mourir à Jérusalem pour le nom du Seigneur Jésus.

¹⁴Comme il ne se laissait pas persuader, nous n'avons plus insisté, en disant :

– Que la volonté du Seigneur soit faite !

À Jérusalem, Paul se conforme aux exigences de la Loi

¹⁵Après ces quelques jours, ayant fait nos préparatifs, nous sommes montés à Jérusalem. ¹⁶Plusieurs disciples de Césarée sont aussi venus avec nous, en amenant Mnason, Chypriote, disciple de longue date, chez qui nous devions loger.

¹⁷A notre arrivée à Jérusalem, les frères nous reçurent avec joie. ¹⁸Le lendemain, Paul se rendit avec nous chez Jacques▽, et tous les anciens◻ y vinrent. ¹⁹Après les avoir embrassés, il se mit à leur exposer en détail tout ce que Dieu avait fait parmi les nations° par son ministère. ²⁰Quand ils l'eurent entendu, ils glorifièrent Dieu ; puis ils dirent à Paul :

---

a • voir Actes 6. 5 ; 8. 5-6, 12-13, 26-40.

– Tu vois, frère, combien il y a de milliers de Juifs qui ont cru ; et ils demeurent tous zélés pour la Loi. ²¹Or on les a informés, à ton sujet, que tu enseignes à tous les Juifs qui sont parmi les nations° de renoncer à Moïse, en disant qu'ils ne doivent pas circoncire° leurs enfants, ni vivre selon les coutumes. ²²Qu'en est-il donc ? Il faut que la multitude s'assemble. De toute manière, ils vont apprendre que tu es arrivé. ²³Fais donc ce que nous te disons : nous avons quatre hommes qui ont fait un vœu ; ²⁴prends-les, purifie-toi avec eux et charge-toi de leur dépense pour qu'ils se rasent la tête ; ainsi, tous sauront que rien n'est vrai de ce qu'ils ont entendu dire à ton sujet, mais que toi aussi, tu marches en observant la Loi. ²⁵Seulement, à l'égard de ceux des nations° qui ont cru, nous avons envoyé des lettres, ayant décidé qu'ils n'ont rien de semblable à observer, sinon de s'abstenir de ce qui est sacrifié aux idoles, du sang, de ce qui est étouffé et de la fornication°ᵃ.

²⁶Alors Paul prit les hommes avec lui et, le jour suivant, après s'être purifié, il entra avec eux au temple, en annonçant quand s'achèveraient les jours de leur purification – la date à laquelle l'offrande serait présentée pour chacun d'eux.

PAUL PRISONNIER – QUATRIÈME VOYAGE, DE JÉRUSALEM À ROME

Paul est arrêté dans le temple –
Intervention des soldats romains

²⁷Comme les sept jours allaient s'achever, les Juifs d'Asie°, qui avaient remarqué Paul dans le temple, ameutèrent toute la foule et mirent les mains sur lui, ²⁸en criant :

– Israélites, à l'aide ! Le voici, l'homme qui partout enseigne tout le monde contre le peuple, contre la Loi et contre ce lieu ; de plus, il a même introduit des Grecs° dans le temple et a profané ce saint lieu !

---

a • *voir* Actes 15. 28-29.

²⁹(Car auparavant ils avaient vu avec lui, dans la ville, Trophime l'Éphésien, et ils croyaient que Paul l'avait introduit dans le temple.) ³⁰Alors toute la ville fut en émoi et il se fit un rassemblement du peuple ; on saisit Paul, on l'entraîna hors du temple ; et aussitôt on ferma les portes.

³¹Comme on cherchait à le tuer, la nouvelle parvint au commandant° de la garnison que tout Jérusalem était en pleine confusion ; ³²aussitôt il prit des soldats avec leurs officiers et courut à eux. En voyant le commandant et les soldats, ils cessèrent de battre Paul. ³³Alors le commandant s'approcha, se saisit de lui et donna l'ordre de le lier avec deux chaînes ; puis il demanda qui il était et ce qu'il avait fait. ³⁴Mais, dans la foule, les uns criaient une chose, les autres une autre ; et faute d'obtenir une information sûre à cause du tumulte, il donna ordre de mener Paul dans la forteresse.

³⁵Quand il fut sur les marches de l'escalier, il dut être porté par les soldats à cause de la violence de la foule ; ³⁶car la multitude du peuple suivait, en criant :

– Fais-le mourir !

³⁷Au moment où on allait le faire entrer dans la forteresse, Paul dit au commandant :

– M'est-il permis de te dire quelque chose ? Il répliqua :

– Tu sais le grec ? ³⁸N'es-tu donc pas l'Égyptien qui, ces jours passés, a soulevé et emmené au désert la troupe des quatre mille brigands ? ³⁹Paul répondit :

– Je suis Juif, de Tarse, citoyen d'une ville de Cilicie° qui n'est pas sans renom ; je te prie, permets-moi de m'adresser au peuple.

⁴⁰La permission accordée, Paul, debout sur les marches, fit signe de la main au peuple, et un grand silence s'établit. Il leur adressa la parole en langue hébraïque :

Paul présente sa défense devant la foule

22 — Frères et pères, écoutez maintenant ce que j'ai à vous dire pour ma défense.

²Quand ils entendirent qu'il leur parlait en langue hébraïque, ils firent silence encore plus ; il dit alors :

— ³Je suis Juif, né à Tarse de Cilicie°, mais c'est ici, dans cette ville, que j'ai été élevé et instruit aux pieds de Gamaliel[a] selon l'exactitude de la Loi de nos pères° : j'étais zélé pour Dieu, comme vous l'êtes tous aujourd'hui, ⁴et j'ai persécuté cette Voie° jusqu'à la mort, liant les hommes et les femmes et les livrant pour être jetés en prison, ⁵comme le souverain sacrificateur° même m'en est témoin, ainsi que tout le Conseil des anciens°. J'avais aussi reçu d'eux des lettres pour les frères, quand j'allais à Damas, pour amener, liés, à Jérusalem, ceux aussi qui se trouvaient là-bas, pour qu'ils soient punis.

Paul raconte sa conversion

⁶Et il arriva, comme j'étais en chemin et que j'approchais de Damas, que vers midi, tout à coup, une grande lumière, venant du ciel, brilla comme un éclair autour de moi. ⁷Je tombai à terre et j'entendis une voix qui me disait :

— Saul ! Saul ! pourquoi me persécutes-tu ? ⁸Et moi je répondis :

— Qui es-tu, Seigneur ? Il me dit :

— Je suis Jésus le Nazaréen que tu persécutes. ⁹Ceux qui étaient avec moi virent bien la lumière, mais ils n'entendirent pas la voix de celui qui me parlait. ¹⁰Et je dis :

— Que dois-je faire, Seigneur ? Le Seigneur me dit :

— Lève-toi, va à Damas ; là on te parlera de tout ce qu'il t'est ordonné de faire.

¹¹Mais comme je ne distinguais rien, à cause de l'éclat de cette lumière, j'arrivai à Damas, conduit par la main de mes compagnons. ¹²Alors un nommé Ananias, homme pieux selon la Loi, ayant un bon témoignage° de tous les Juifs qui demeuraient là, ¹³vint se présenter à moi et me dit :

---

a • voir Actes 5. 34-39.

– Saul, frère, recouvre la vue.

À l'instant même, en levant les yeux, je le vis. ¹⁴Il reprit :

– Le Dieu de nos pères° t'a choisi à l'avance pour connaître sa volonté, pour voir le Juste et entendre une voix de sa bouche ; ¹⁵car tu lui seras témoin, auprès de tous les hommes, de tout ce que tu as vu et entendu. ¹⁶Et maintenant, pourquoi tardes-tu ? Lève-toi, sois baptisé, et lave-toi de tes péchés, en invoquant son nom.

Paul raconte que le Seigneur l'a envoyé auprès des non-Juifs
¹⁷De retour à Jérusalem, comme je priais dans le temple, je fus en extase ¹⁸et je Le vis qui me disait :

– Hâte-toi, sors au plus tôt de Jérusalem, car ils ne recevront pas ton témoignage à mon égard. ¹⁹Alors je dis :

– Seigneur, ils savent que je mettais en prison et que je battais dans les synagogues° ceux qui croient en toi ; ²⁰et lorsque le sang d'Étienne, ton témoin, fut répandu, moi-même aussi j'étais présent et pleinement d'accord : je gardais les vêtements de ceux qui le tuaient[a]. ²¹Mais il me dit :

– Va, car je t'enverrai au loin vers les nations°.

Paul échappe à la torture parce qu'il est citoyen romain
²²Les Juifs avaient écouté Paul jusqu'à cette parole, mais alors ils se mirent à crier :

– Ôte de la terre un pareil homme, car il n'aurait pas dû vivre !

²³Comme ils poussaient des cris, jetaient leurs vêtements et lançaient de la poussière en l'air, ²⁴le commandant° donna l'ordre de conduire Paul à la forteresse, en disant de le mettre à la question par le fouet[b], afin d'apprendre pour quel motif ils criaient ainsi contre lui. ²⁵Mais quand on l'eut attaché avec des courroies, Paul dit au centurion° qui était près de lui :

---

a • voir Actes 7. 58 ; 8. 1. — b • *interrogatoire avec torture ; on va attacher Paul pour le flageller* (v. 25).

– Vous est-il permis de fouetter un homme qui est Romain et qui n'est pas condamné ?
²⁶Quand le centurion entendit cela, il alla faire son rapport au commandant en disant :
– Que vas-tu faire ? Cet homme est Romain ! ²⁷Le commandant s'approcha de Paul et lui dit :
– Dis-moi, es-tu Romain ? Il répondit :
– Oui. ²⁸Le commandant reprit :
– Moi, j'ai acquis cette citoyenneté° pour une forte somme. Et Paul dit :
– Mais moi, je l'ai par naissance.
²⁹Aussitôt donc, ceux qui allaient le mettre à la question le laissèrent ; et le commandant aussi prit peur, sachant que Paul était Romain, et parce qu'il l'avait fait lier. ³⁰Mais le lendemain, voulant savoir exactement de quoi il était accusé par les Juifs, il le fit délier et ordonna aux principaux sacrificateurs° et à tout le sanhédrin° de se réunir ; puis il fit descendre Paul et le présenta devant eux.

Paul comparaît devant le sanhédrin
23 Paul, les yeux fixés sur le sanhédrin°, déclara :
– Frères, je me suis conduit en toute bonne conscience devant Dieu jusqu'à ce jour...
²Mais le souverain sacrificateur° Ananias commanda à ceux qui étaient près de lui de le frapper sur la bouche. ³Alors Paul lui dit :
– Dieu te frappera, paroi blanchie ! Tu es assis là pour me juger selon la Loi et, contrairement à la Loi, tu ordonnes de me frapper ? ⁴Mais ceux qui étaient présents dirent :
– Injuries-tu le souverain sacrificateur° de Dieu ?
⁵Paul reprit :
– Je ne savais pas, frères, que c'était le souverain sacrificateur ; car il est écrit : « Tu ne diras pas de mal du chef de ton peuple ».
⁶Puis, sachant qu'une partie d'entre eux étaient des sadducéens° et l'autre des pharisiens°, Paul s'écria dans le sanhédrin° :

– Frères, je suis, moi, pharisien, fils de pharisien ; c'est pour l'espérance et pour la résurrection des morts que je suis mis en jugement.

⁷À ces paroles, une dispute s'éleva entre les pharisiens et les sadducéens ; et toute l'assistance fut divisée ; ⁸car les sadducéens disent qu'il n'y a pas de résurrection, ni d'ange, ni d'esprit, tandis que les pharisiens reconnaissent l'un et l'autre. ⁹Il s'éleva une grande clameur ; et certains scribes° du parti des pharisiens se levèrent pour protester ; ils disaient :

– Nous ne trouvons aucun mal en cet homme ; mais si un esprit lui a parlé, ou un ange...

¹⁰Comme la dispute s'aggravait, le commandant, craignant que Paul ne soit mis en pièces par eux, ordonna à la troupe de descendre l'enlever du milieu d'eux pour le conduire à la forteresse.

¹¹La nuit suivante, le Seigneur se tint près de lui et dit :

– Aie bon courage ; de même que tu as rendu témoignage à Jérusalem de ce qui me concerne, il faut que tu rendes témoignage aussi à Rome.

Conspiration contre Paul

¹²Quand le jour fut venu, les Juifs se réunirent secrètement et s'engagèrent par un serment d'exécration[a] à ne rien manger ni boire jusqu'à ce qu'ils aient tué Paul. ¹³Ils étaient plus de quarante à avoir fait cette conjuration. ¹⁴Ils vinrent trouver les principaux sacrificateurs° et les anciens°, et leur dirent :

– Nous nous sommes engagés par un serment d'exécration à ne goûter de rien jusqu'à ce que nous ayons tué Paul. ¹⁵Vous donc, maintenant, avec le sanhédrin°, proposez au commandant de faire descendre Paul auprès de vous, comme si vous vouliez vous informer plus exactement de ce qui le regarde ; et, avant qu'il approche, nous sommes prêts à le tuer.

---

a • *ou* : de malédiction, d'anathème, *c.-à-d. se vouant eux-mêmes à la malédiction divine si le serment n'était pas respecté.*

¹⁶Mais le fils de la sœur de Paul entendit parler de ce guet-apens; il se rendit à la forteresse, y entra et le rapporta à Paul. ¹⁷Paul appela alors l'un des centurions° et lui dit :

— Conduis ce jeune homme au commandant, car il a quelque chose à lui rapporter. ¹⁸Il le prit donc, le conduisit au commandant et dit :

— Le prisonnier Paul m'a appelé, et m'a prié de t'amener ce jeune homme qui a quelque chose à te dire. ¹⁹Le commandant le prit par la main et, se retirant à l'écart, lui demanda :

— Qu'as-tu à me rapporter ? ²⁰Il dit :

— Les Juifs se sont entendus pour te prier de faire descendre Paul, demain, devant le sanhédrin°, comme si tu voulais t'informer plus exactement à son sujet. ²¹Toi donc, n'y consens pas, car plus de quarante hommes d'entre eux lui dressent un guet-apens : ils se sont engagés par un serment d'exécration à ne rien manger ni boire jusqu'à ce qu'ils l'aient tué; maintenant, ils sont prêts et attendent de toi cette promesse.

²²Le commandant congédia le jeune homme, après lui avoir recommandé de ne divulguer à personne qu'il lui avait donné cette information.

Paul est conduit auprès de Félix

²³Il appela deux des centurions° et leur dit :

— Préparez deux cents soldats pour aller à Césarée, avec soixante-dix cavaliers et deux cents porte-lances, dès la troisième heure° de la nuit[a]; ²⁴et procurez-vous des montures pour transporter Paul et le conduire sain et sauf auprès du gouverneur° Félix. ²⁵Puis il écrivit une lettre conçue en ces termes : ²⁶Claude Lysias, au très excellent gouverneur Félix, salut ! ²⁷Cet homme avait été saisi par les Juifs qui allaient le tuer, quand je suis intervenu avec la troupe et je l'ai arraché de leurs mains, ayant appris qu'il était Romain. ²⁸Voulant connaître le motif pour lequel ils l'accusaient, je l'ai fait descendre devant leur sanhédrin° ²⁹et j'ai trouvé qu'il était

---

a • *vers neuf heures du soir; voir* Heure°.

accusé sur des questions de leur Loi, sans être sous le coup d'aucune accusation qui mérite la mort ou les liens. ³⁰Mais j'ai été averti du complot que les Juifs formaient contre cet homme ; je te l'ai donc aussitôt envoyé, et j'ai aussi donné l'ordre à ses accusateurs d'exprimer devant toi les griefs qu'ils ont contre lui. Porte-toi bien.

³¹Les soldats, selon les ordres qui leur avaient été donnés, prirent Paul et le menèrent de nuit à Antipatris. ³²Le lendemain, ils laissèrent les cavaliers continuer avec lui et retournèrent à la forteresse. ³³Les autres, une fois arrivés à Césarée, remirent la lettre au gouverneur et lui présentèrent aussi Paul. ³⁴Il lut la lettre et demanda de quelle province il était ; ayant appris qu'il était de Cilicie° :

— ³⁵Je t'entendrai à fond, dit-il, quand tes accusateurs seront arrivés.

Puis il donna ordre de le garder dans le prétoire° d'Hérode.

Paul comparaît devant Félix

24 Cinq jours après, le souverain sacrificateur° Ananias descendit avec quelques anciens° et un orateur nommé Tertulle ; et ils portèrent plainte devant le gouverneur° contre Paul. ²On fit venir celui-ci, et Tertulle se mit à l'accuser ainsi :

— ³Puisque nous jouissons par ton moyen d'une grande tranquillité et que, grâce à ta prévoyance, des mesures judicieuses sont prises dans l'intérêt de cette nation, très excellent Félix, nous l'acceptons en tout et partout avec une entière gratitude. ⁴Mais afin de ne pas t'importuner davantage, je te prie de nous écouter brièvement, selon ta clémence : ⁵nous avons constaté que cet homme, une peste, provoque des séditions parmi tous les Juifs dans toute la terre habitée ; c'est un meneur de la secte des Nazaréens[a] ; ⁶il a même tenté de profaner le temple : aussi l'avons-nous saisi, et nous avons voulu le juger selon notre Loi ; ⁷mais le commandant Lysias est

---

a • *comp.* Actes 10. 38 et 22. 8.

"J'ai cette espérance en Dieu qu'il y aura une résurrection tant des justes que des injustes..." (chap. 24. 15)

intervenu ; il l'a emmené en l'arrachant de nos mains avec une grande violence, ⁸donnant ordre à ses accusateurs de venir devant toi ; et, en l'interrogeant, tu pourras toi-même connaître exactement tout ce dont nous l'accusons.
⁹Les Juifs aussi se joignirent à lui contre Paul, affirmant qu'il en était bien ainsi.
¹⁰Alors Paul, après que le gouverneur lui eut fait signe de parler, répondit :
— Je sais que, depuis bien des années, tu es juge de cette nation ; je présente donc ma défense avec plus de courage. ¹¹Car, tu peux t'en assurer, il ne s'est pas passé plus de douze jours depuis que je suis monté pour adorer à Jérusalem. ¹²Ils ne m'ont pas trouvé dans le temple, en discussion avec qui que ce soit ou en train d'ameuter la foule, ni non plus dans les synagogues°, ni à travers la ville ; ¹³et ils ne peuvent pas soutenir ce dont ils m'accusent présentement. ¹⁴Je le reconnais pourtant devant toi : c'est selon la Voie° qu'ils appellent secte que je sers° le Dieu de mes pères°, croyant tout ce qui est écrit dans la Loi et dans les Prophètes ; ¹⁵j'ai cette espérance en Dieu – espérance qu'ils nourrissent eux-mêmes – qu'il y aura une résurrection tant des justes

que des injustes. ¹⁶C'est pour cela que je m'exerce moi-même à avoir toujours une conscience sans reproche devant Dieu et devant les hommes.
¹⁷Après plusieurs années, j'étais venu pour faire des aumônes à ma nation et des offrandes. ¹⁸Sur ces entrefaites, on m'a trouvé purifié dans le temple, sans attroupement et sans désordre. ¹⁹En fait ce sont certains Juifs d'Asie° qui devraient être ici devant toi et m'accuser, s'ils avaient quelque grief contre moi. ²⁰Ou alors que ceux qui sont ici disent eux-mêmes quelle injustice ils ont trouvée en moi quand j'ai comparu devant le sanhédrin°, ²¹sinon ce seul cri que je fis entendre, debout au milieu d'eux : C'est pour la résurrection des morts que je suis aujourd'hui mis en jugement devant vous[a] !

Félix ajourne le cas de Paul

²²Félix, qui avait une connaissance assez exacte de ce qui concernait la Voie°, les ajourna en disant :

– Quand le commandant Lysias sera descendu, j'examinerai votre affaire.

²³Et il ordonna au centurion° de maintenir Paul sous garde, mais en lui laissant quelque liberté, et sans empêcher aucun des siens de le servir.
²⁴Quelques jours après, Félix vint avec sa femme Drusille, qui était juive ; il fit venir Paul et l'entendit parler sur la foi en Christ°.
²⁵Comme Paul discourait sur la justice, la maîtrise de soi et le jugement à venir, Félix tout effrayé répondit :

– Pour le présent, retire-toi ; quand je trouverai un moment convenable, je te ferai appeler.

²⁶Il espérait en même temps que Paul lui donnerait de l'argent ; c'est pourquoi aussi il le faisait venir assez souvent et s'entretenait avec lui.

²⁷Quand deux années se furent écoulées, Félix eut pour successeur Porcius Festus[b] ; et, voulant gagner la faveur des Juifs, Félix laissa Paul prisonnier.

---

a • *voir Actes 23. 6.* – b • *en 60 ap. J.-C.*

Paul, devant Festus, en appelle à César

25 Festus donc, trois jours après son arrivée dans la province, monta de Césarée à Jérusalem. ²Les principaux sacrificateurs° et les notables d'entre les Juifs portèrent plainte devant lui contre Paul ; et ils lui demandaient avec insistance – ³contre Paul – la faveur de le faire venir à Jérusalem : ils préparaient une embuscade pour le tuer en chemin. ⁴Festus répondit que Paul serait gardé à Césarée, et que d'ailleurs lui-même allait bientôt partir.

– ⁵Que les hommes influents parmi vous, dit-il, descendent donc avec moi ; et si cet homme a commis quelque mal, qu'ils l'accusent.

⁶Puis, sans prolonger sa visite plus de huit ou dix jours, il descendit à Césarée ; le lendemain, il siégea au tribunal, et donna l'ordre de faire comparaître Paul. ⁷Lorsqu'il fut arrivé, les Juifs qui étaient descendus de Jérusalem l'entourèrent, portant contre lui beaucoup de graves accusations qu'ils ne pouvaient pas prouver, ⁸tandis que Paul se défendait, en disant :

– Je n'ai commis aucune faute, ni contre la Loi des Juifs, ni contre le temple, ni contre César°. ⁹Mais Festus, voulant gagner la faveur des Juifs, répondit à Paul :

– Consens-tu à monter à Jérusalem pour y être jugé sur cette affaire devant moi ? ¹⁰Paul dit :

– Je suis ici devant le tribunal de César, c'est là que je dois être jugé. Je n'ai causé aucun tort aux Juifs, comme tu le sais toi-même très bien. ¹¹Si donc j'ai fait du tort et si j'ai commis une action qui mérite la mort, je ne refuse pas de mourir ; mais si rien n'est vrai de ce dont ils m'accusent, personne ne peut me livrer à leur merci : j'en appelle à César.

¹²Alors Festus, après avoir conféré avec le Conseil, répondit :

– Tu en as appelé à César, tu iras à César.

Paul devant Agrippa

¹³Quelques jours après, le roi Agrippa et Bérénice vinrent à Césarée pour saluer Festus. ¹⁴Comme ils passaient là plusieurs jours, Festus exposa ainsi au roi l'affaire de Paul :

– Il y a ici un homme que Félix a laissé prisonnier ; ¹⁵lorsque je suis allé à Jérusalem, les principaux sacrificateurs° et les anciens° des Juifs ont porté plainte à son sujet, sollicitant une condamnation contre lui ; ¹⁶mais je leur ai répondu que ce n'est pas la coutume des Romains de livrer quelqu'un avant que l'accusé ait ses accusateurs en face de lui et qu'il ait l'occasion de se défendre de ce dont il est accusé. ¹⁷Quand ils se sont présentés ici, sans aucun délai, le lendemain, j'ai siégé au tribunal et j'ai donné l'ordre d'amener cet homme. ¹⁸Mis en sa présence, ses accusateurs n'ont avancé aucune charge grave quant aux méfaits que moi je supposais : ¹⁹ils avaient avec lui des controverses concernant leur propre culte religieux et un certain Jésus qui est mort, mais que Paul affirmait être vivant. ²⁰Comme j'étais dans l'embarras pour procéder à une information sur de tels sujets, je lui ai demandé s'il consentirait à aller à Jérusalem pour y être jugé sur cette affaire. ²¹Mais Paul a fait appel : il a demandé à être réservé au jugement d'Auguste[a] ; alors j'ai donné ordre de le maintenir sous garde jusqu'à ce que je l'envoie à César°.

²²Agrippa dit à Festus :

– Je voudrais bien, moi aussi, entendre cet homme.

– Demain, dit Festus, tu l'entendras.

²³Le lendemain donc, Agrippa et Bérénice vinrent en grand apparat et entrèrent dans la salle d'audience avec les chefs militaires et les principaux personnages de la ville ; Paul, sur l'ordre de Festus, fut amené. ²⁴Festus dit alors :

– Roi Agrippa et vous tous qui êtes ici présents avec nous, voilà l'homme au sujet duquel toute la multitude des Juifs m'a sollicité, aussi bien à

---

[a] • voir César° ; *le titre d'Auguste (Sacré) est resté aux successeurs d'Auguste le Grand. L'empereur régnant à cette date est Néron (54-68 ap. J.-C.).*

Jérusalem qu'ici, en criant qu'il ne devrait plus vivre. ²⁵Mais je me suis rendu compte qu'il n'avait commis aucune action qui mérite la mort et, comme cet homme lui-même en a appelé à Auguste, j'ai résolu de le lui envoyer. ²⁶Comme je n'ai rien de sûr à écrire à l'empereur à son sujet, je l'ai amené devant vous, et principalement devant toi, roi Agrippa, de sorte qu'après avoir procédé à l'interrogatoire, j'aie quelque chose à écrire ; ²⁷car il me semble déraisonnable d'envoyer un prisonnier sans indiquer en même temps les charges qui pèsent sur lui.

Paul raconte sa jeunesse
26 Agrippa dit à Paul :

– Il t'est permis de plaider ta cause. Alors Paul étendit la main et présenta sa défense :

– ²Pour tout ce dont m'accusent les Juifs, je m'estime heureux, roi Agrippa, d'avoir à présenter aujourd'hui ma défense devant toi, ³d'autant plus que tu es au fait de toutes les coutumes et controverses qui existent parmi les Juifs : c'est pourquoi je te prie de m'écouter avec patience.

⁴Ma manière de vivre, dès ma jeunesse, telle qu'elle a été dès le commencement au milieu de ma nation à Jérusalem, tous les Juifs la connaissent : ⁵ils savent depuis longtemps, s'ils veulent en rendre témoignage, que, selon la secte la plus stricte de notre religion, j'ai vécu en pharisien°. ⁶Et maintenant, je comparais en jugement à cause de l'espérance en la promesse faite par Dieu à nos pères°, ⁷promesse dont nos douze tribus, en servant° Dieu sans relâche nuit et jour, espèrent atteindre la réalisation ; c'est pour cette espérance, ô roi, que je suis accusé par les Juifs. ⁸Pourquoi, parmi vous, juge-t-on incroyable que Dieu ressuscite des morts ? ⁹Pour moi donc, j'avais pensé qu'il fallait tout mettre en œuvre contre le nom de Jésus le Nazaréen. ¹⁰C'est d'ailleurs ce que j'ai fait à Jérusalem : j'ai enfermé dans les prisons beaucoup de saints°, après en avoir reçu le pouvoir des principaux sacrificateurs°. Quand on les faisait mourir, j'apportais mon suffrage ;

¹¹souvent, dans toutes les synagogues°, en les punissant, je les forçais à blasphémer ; et, plein de rage contre eux, je les persécutais jusque dans les villes étrangères.

Paul raconte sa conversion

¹²C'est ainsi que je me rendais à Damas, avec pouvoir et mission de la part des principaux sacrificateurs°, ¹³quand en chemin, en plein midi, je vis, ô roi, une lumière plus éclatante que la splendeur du soleil, qui resplendit du ciel autour de moi et de ceux qui faisaient route avec moi. ¹⁴Comme nous étions tous tombés à terre, j'entendis une voix qui s'adressait à moi en langue hébraïque :

– Saul ! Saul ! pourquoi me persécutes-tu ? Il t'est dur de regimber contre les aiguillons[a]. ¹⁵Et moi je dis :

– Qui es-tu, Seigneur ? Le Seigneur dit :

– Je suis Jésus que tu persécutes. ¹⁶Mais lève-toi et tiens-toi debout ; car je te suis apparu afin de te désigner comme serviteur et témoin, aussi bien des choses que tu as vues que de celles pour la révélation desquelles je t'apparaîtrai encore : ¹⁷je te mets à part du milieu du peuple[b] et des nations° ; et je t'envoie vers eux ¹⁸pour ouvrir leurs yeux, pour qu'ils se tournent des ténèbres à la lumière et du pouvoir de Satan à Dieu ; pour qu'ils reçoivent le pardon des péchés et une part avec ceux qui sont sanctifiés°, par la foi en moi.

Paul raconte sa vie après sa conversion

– ¹⁹Ainsi, ô roi Agrippa, je n'ai pas été désobéissant à la vision céleste : ²⁰c'est d'abord à tous les habitants de Damas et de Jérusalem, puis à tout le pays de la Judée° et aux nations, que j'ai prêché de se repentir° et de se tourner vers Dieu, en faisant des œuvres qui conviennent à la repentance. ²¹C'est pour cela que les Juifs m'ont saisi dans le temple et cherchaient à me tuer.

---

a • *tiges pointues employées pour diriger les bœufs.* — b • *c.-à-d.* : Israël.

²²Ayant donc reçu le secours qui vient de Dieu, me voici debout jusqu'à ce jour, rendant témoignage devant petits et grands, sans rien dire d'autre que ce que les prophètes et Moïse ont annoncé comme devant arriver, ²³c'est-à-dire que le Christ° serait soumis aux souffrances et que, le premier, par la résurrection des morts, il proclamerait la lumière aussi bien au peuple qu'aux nations°.

Fin de l'audience : Paul doit aller à Rome
²⁴Comme Paul parlait ainsi pour sa défense, Festus dit d'une voix forte :

– Tu es fou, Paul ; ton grand savoir te fait tourner à la folie. ²⁵Paul répondit :

– Je ne suis pas fou, très excellent Festus, mais je prononce des paroles de vérité et de bon sens ; ²⁶le roi a la connaissance de ces choses et je parle hardiment devant lui, car je suis persuadé que rien ne lui échappe ; ceci, en effet, n'a pas été accompli en secret. ²⁷Roi Agrippa ! crois-tu aux prophètes ? Je sais que tu y crois. ²⁸Agrippa dit à Paul :

– Bientôt, tu vas me persuader de devenir chrétien ! ²⁹Mais Paul reprit :

– Plaise à Dieu que, tôt ou tard, non seulement toi, mais aussi tous ceux qui m'entendent aujourd'hui, vous deveniez tels que je suis, à part ces liens. ³⁰Alors le roi se leva, ainsi que le gouverneur°, Bérénice et ceux qui siégeaient avec eux. ³¹Quand ils se furent retirés, ils se consultèrent :

– Cet homme, dirent-ils, ne fait rien qui mérite la mort ou des liens. ³²Puis Agrippa dit à Festus :

– Cet homme aurait pu être relâché, s'il n'en avait pas appelé à César.

Voyage en bateau de Césarée jusqu'en Crète
27 Quand il fut décidé que nous embarquerions pour l'Italie, on remit Paul et d'autres prisonniers à un centurion° nommé Jules, de la cohorte° Augusta. ²Nous sommes montés à bord d'un navire d'Adramytte, en partance pour les régions bordant la côte d'Asie°, et nous avons gagné le large, en

compagnie d'Aristarque, Macédonien de Thessalonique. ³Le jour suivant nous avons abordé à Sidon ; Jules, traitant Paul avec humanité, lui a permis d'aller trouver ses amis pour jouir de leurs soins. ⁴Puis nous sommes repartis et nous avons navigué à l'abri de Chypre, parce que les vents étaient contraires ; ⁵après avoir traversé la mer qui baigne la Cilicie° et la Pamphylie°, nous avons débarqué à Myra en Lycie° ; ⁶là, le centurion a trouvé un navire d'Alexandrie en partance pour l'Italie et nous y a fait monter. ⁷Pendant plusieurs jours, la navigation a été très lente ; arrivés avec peine à la hauteur de Cnide, comme le vent ne nous permettait pas d'avancer, nous avons navigué à l'abri de la Crète, vers le cap Salmone ; ⁸après l'avoir côtoyée avec peine, nous sommes parvenus en un lieu appelé Beaux-Ports, tout près de la ville de Lasée.

L'avertissement de Paul refusé
⁹Il s'était écoulé beaucoup de temps ; la navigation était désormais périlleuse – puisque la période du Jeûne était même déjà passée –, ¹⁰aussi Paul les avertissait :

– Hommes, je vois que la navigation sera accompagnée d'avaries et de beaucoup de dommage, non seulement pour la cargaison et pour le navire, mais même pour nos vies.

¹¹Le centurion, pourtant, se fiait plus au pilote et au patron du navire qu'aux paroles de Paul. ¹²Le port n'était pas commode pour hiverner ; aussi la plupart furent d'avis de s'embarquer de là pour atteindre, si possible, Phénice, port de Crète regardant vers le sud-est et le nord-est, pour y passer l'hiver. ¹³Comme le vent du midi soufflait doucement, ils crurent que ce projet était à leur portée, levèrent l'ancre et côtoyèrent de près l'île de Crète.

Dans la tempête
¹⁴Mais peu après, un vent d'ouragan appelé Euraquilon descendit violemment de l'île : ¹⁵le navire était entraîné sans pouvoir tenir contre le vent ; alors nous nous sommes laissés emporter à la dérive.

Le navire était entraîné sans pouvoir tenir contre le vent ; alors nous nous laissés emporter à la dérive. (chap. 27. 15)

[16] Et après avoir filé rapidement à l'abri d'une petite île appelée Cauda, c'est à grand-peine que nous nous sommes rendus maîtres de la chaloupe ; [17] on la hissa à bord, puis on employa des mesures de sécurité en ceinturant le navire avec des cordages ; par crainte d'échouer sur les bancs de sable de la Syrte, les matelots descendirent les agrès supérieurs, et même ainsi nous étions emportés.

[18] Comme nous étions violemment battus par la tempête, le lendemain ils jetèrent une partie de la cargaison. [19] Et le troisième jour, de leurs propres mains, ils lancèrent par-dessus bord les agrès du navire. [20] Durant plusieurs jours, il ne parut ni soleil ni étoiles, et une violente tempête continuait à nous harceler ; dès lors tout espoir d'être sauvés nous échappait.

[21] Comme on était resté longtemps sans manger, Paul, s'étant levé au milieu d'eux, dit :

– Hommes, vous auriez dû m'écouter et ne pas partir de Crète, pour éviter ces avaries et ce dommage. [22] Mais, pour le présent, je vous invite à avoir bon courage ; car on ne fera la perte de la vie d'aucun de vous, mais seulement du navire. [23] En effet, cette nuit m'est apparu un ange du Dieu à qui j'appartiens et que je sers°, ²⁴et il m'a dit : Ne crains pas, Paul, il faut que tu comparaisses devant César ; et voici, Dieu t'a accordé la vie de tous ceux qui naviguent avec toi. ²⁵Courage, donc, hommes ! Car j'ai confiance en Dieu : il en sera exactement comme il m'a été dit. ²⁶Mais il nous faut échouer sur quelque île.

Le naufrage

²⁷Quand la quatorzième nuit fut venue, comme nous étions ballottés sur la mer Adriatique, les matelots, vers minuit, pressentirent qu'une terre était proche : ²⁸ils jetèrent la sonde et trouvèrent vingt brasses[a] ; puis on passa un peu plus loin et, en jetant encore la sonde, ils trouvèrent quinze brasses. ²⁹Craignant que nous n'allions échouer au milieu des écueils, ils jetèrent quatre ancres depuis la poupe ; et ils souhaitaient la venue du jour. ³⁰Mais les matelots cherchaient à s'enfuir du navire, après avoir mis la chaloupe à la mer, sous prétexte d'aller jeter au loin les ancres de la proue. ³¹Paul dit alors au centurion° et aux soldats :

– Si ces hommes ne restent pas dans le navire, vous ne pouvez pas être sauvés.

³²Les soldats coupèrent donc les cordes de la chaloupe et la laissèrent tomber. ³³En attendant la venue du jour, Paul les engageait tous à prendre de la nourriture :

– Voilà quatorze jours, dit-il, que vous passez à jeun, à attendre, sans avoir rien pris. ³⁴Je vous engage donc à prendre de la nourriture : il y va de votre salut ; car pas un cheveu de la tête d'aucun de vous ne périra.

³⁵Cela dit, il prit du pain, rendit grâces à Dieu devant tous, le rompit et se mit à manger. ³⁶Alors tous, ayant repris courage, prirent eux aussi de la nourriture.

³⁷Nous étions en tout dans le navire deux cent soixante-seize personnes. ³⁸Quand on eut assez mangé, on allégea le navire en jetant le blé à la mer.

---

a • *La brasse vaut environ 1,80 m ; la profondeur passe de 35 à 26 m.*

³⁹Lorsqu'il fit jour, ils ne reconnaissaient pas le pays ; mais ils apercevaient une baie avec une plage, sur laquelle ils résolurent, s'ils le pouvaient, de faire échouer le navire. ⁴⁰Ils abandonnèrent les ancres à la mer, en coupant les câbles et en lâchant en même temps les attaches des gouvernails ; puis ils mirent au vent la voile d'artimon et cinglèrent vers la plage. ⁴¹Mais, heurtant un fond baigné des deux côtés par la mer, ils y échouèrent le navire ; et la proue, enfoncée, demeurait prise, tandis que la poupe se disloquait sous la violence des vagues. ⁴²L'intention des soldats fut alors de tuer les prisonniers, de peur que l'un d'eux ne se sauve à la nage et ne s'enfuie. ⁴³Mais le centurion°, voulant sauver Paul, les empêcha d'exécuter leur dessein : il ordonna à ceux qui savaient nager de se jeter à l'eau les premiers et de gagner la terre, ⁴⁴et aux autres, de se mettre sur des planches ou sur des débris du navire. C'est ainsi que tous parvinrent à terre sains et saufs.

Les naufragés recueillis à Malte

28 Une fois sauvés, nous avons appris que l'île s'appelait Malte. ²Les Barbares[a] firent preuve à notre égard d'une humanité peu commune : ils allumèrent un feu et nous secoururent tous (car il pleuvait et il faisait froid). ³Paul, ayant ramassé une brassée de bois mort, la mit ensuite sur le feu : une vipère en sortit, à cause de la chaleur, et s'accrocha à sa main. ⁴Quand les Barbares virent la bête suspendue à sa main, ils se dirent l'un à l'autre : Cet homme est sûrement un meurtrier, puisque, à peine a-t-il été sauvé de la mer, la Justice n'a pas permis qu'il vive. ⁵Mais Paul secoua la bête dans le feu, sans subir le moindre mal ; ⁶eux s'attendaient à le voir enfler ou tomber mort subitement. Après avoir longtemps attendu, quand ils eurent constaté qu'il ne lui arrivait rien d'extraordinaire, ils changèrent d'avis et dirent que c'était un dieu.

---

a • *Les Grecs, et à leur suite les Romains, appelaient ainsi les peuples en marge de leur civilisation, et ne parlant ni grec ni latin.*

Paul secoua la bête dans le feu, sans subir le moindre mal. (chap. 28. 5)

Guérison du père de Publius
⁷Aux environs de cet endroit, se trouvaient des domaines du premier magistrat de l'île, nommé Publius, qui nous reçut et nous logea durant trois jours avec beaucoup de bonté. ⁸Il arriva que le père de Publius était alité, souffrant beaucoup de la fièvre et de la dysenterie ; Paul, qui était entré auprès de lui, pria, lui imposa les mains et le guérit. ⁹Là-dessus, tous les autres malades qui se trouvaient dans l'île vinrent à leur tour et furent guéris. ¹⁰Aussi nous montrèrent-ils de grandes marques d'estime et, à notre départ, nous fournirent ce qui nous était nécessaire.

Arrivée de Paul à Rome
¹¹Trois mois après, nous nous sommes embarqués sur un navire d'Alexandrie qui avait hiverné dans l'île et qui avait pour enseigne les Dioscures. ¹²Après avoir abordé à Syracuse, nous y sommes restés trois jours. ¹³De là nous avons suivi la côte et nous sommes arrivés à Rhegium ; un jour après, le vent du midi s'est levé, et le surlendemain nous avons atteint Pouzzoles ; ¹⁴nous y avons trouvé des frères, qui nous ont priés de demeurer avec eux sept jours : c'est ainsi que nous sommes allés à Rome. ¹⁵De cette

ville, les frères, qui avaient appris tout ce qui nous était arrivé, sont venus à notre rencontre jusqu'au Forum d'Appius et aux Trois-Tavernes ; quand il les vit, Paul rendit grâces à Dieu et prit courage.

¹⁶À notre arrivée à Rome, on permit à Paul de demeurer chez lui avec un soldat qui le gardait.

Paul rend témoignage aux Juifs de Rome

¹⁷Trois jours après, Paul fit venir ceux qui étaient les notables des Juifs ; quand ils furent assemblés, il leur dit :

— Frères, quoique je n'aie rien fait contre le peuple ou contre les coutumes des pères°, j'ai été arrêté à Jérusalem, puis livré entre les mains des Romains ; ¹⁸après m'avoir interrogé, ceux-ci voulaient me relâcher, parce qu'il n'y avait rien dans mon cas qui mérite la mort. ¹⁹Mais comme les Juifs s'y opposaient, j'ai été contraint d'en appeler à César, non pas que j'aie quelque accusation à porter contre ma nation. ²⁰Voilà donc le motif pour lequel je vous ai appelés, afin de vous voir et de vous parler ; car c'est à cause de l'espérance d'Israël que je suis chargé de cette chaîne.

²¹Ils lui répondirent :

— Pour nous, nous n'avons pas reçu de lettre de Judée° à ton sujet ; et aucun des frères qui sont arrivés n'a rapporté ou dit quelque mal de toi ; ²²mais nous demandons à entendre de ta bouche ce que tu penses ; car, pour ce qui concerne cette secte, il nous est connu que partout on la contredit.

²³Ils lui fixèrent donc un jour, et un certain nombre vinrent le trouver à son domicile : il leur exposait la vérité, en rendant témoignage du royaume de Dieu, depuis le matin jusqu'au soir, les persuadant de ce qui concerne Jésus, à partir de la loi de Moïse et des prophètes. ²⁴Et les uns étaient convaincus par ses paroles, tandis que les autres refusaient de croire. ²⁵Comme ils n'étaient pas d'accord entre eux, ils se retirèrent, après que Paul leur eut dit cette seule parole :

– L'Esprit Saint° a bien parlé à nos pères° par le moyen du prophète Ésaïe, quand il déclarait : ²⁶« Va vers ce peuple et dis : En entendant vous entendrez et vous ne comprendrez pas, et en regardant vous regarderez et vous ne verrez pas ; ²⁷car le cœur de ce peuple s'est épaissi : ils sont devenus durs d'oreilles et ils ont fermé leurs yeux, de peur qu'ils ne voient des yeux, qu'ils n'entendent des oreilles, qu'ils ne comprennent du cœur, qu'ils ne se convertissent[a], et que je ne les guérisse ». ²⁸Sachez donc que ce salut de Dieu a été envoyé à ceux des nations° ; eux, ils écouteront.
²⁹Quand il eut prononcé ces mots, les Juifs s'en allèrent, ayant entre eux une grande discussion.

Paul, prisonnier à Rome, prêche sans empêchement
³⁰Paul demeura deux années entières dans un logement qu'il avait loué pour lui, et il recevait tous ceux qui venaient le voir. ³¹Il prêchait le royaume de Dieu et enseignait tout ce qui concerne le Seigneur Jésus Christ°, avec toute hardiesse, sans empêchement.

---

a • *Ce verbe signifie :* faire volte-face, se retourner.

Annexe

Le ciel est encore accessible, Dieu veut te sauver

Es-tu sauvé ? Es-tu né de nouveau ? As-tu la vie éternelle ? As-tu la certitude de faire partie de tous ceux qui iront au ciel, lors de la venue du Seigneur Jésus ? Es-tu sûr d'aller au ciel, au Paradis, après ta mort ? Tu ne sais peut-être pas, tu n'y vois pas clair, mais reconnais-tu Jésus, le Fils de Dieu, comme ton Seigneur ?

Dans la Bible on lit : « *Si, de ta bouche, tu reconnais Jésus comme Seigneur, et si tu crois dans ton cœur que Dieu l'a ressuscité d'entre les morts, tu seras sauvé… En effet, "quiconque invoquera le nom du Seigneur sera sauvé"* » (Romains 10. 9, 13).

Mais que faut-il faire pour être sauvé ? Si cette question monte dans ton cœur, alors lis attentivement ce qui suit, concernant le salut de ton âme.

Tu es pécheur, et le péché te prive du salut

« *Si nous disons que nous n'avons pas péché, nous faisons Dieu menteur et sa Parole n'est pas en nous* » (1 Jean 1. 10). Lorsque tu lis cette déclaration tirée de la Bible, ne dis pas en ton cœur que tu es sans reproche devant Dieu, prétextant que tu accomplis tes devoirs religieux, tu fais tes prières, tes aumônes, tes pèlerinages ou tes bonnes œuvres. Tu es personnellement concerné par le péché, car il est encore écrit : « *Si nous disons que nous n'avons pas de péché, nous nous séduisons nous-mêmes, et la vérité n'est pas en nous* » (1 Jean 1. 8).

Ne t'estime pas juste selon tes propres critères, car, aux yeux de Dieu, « *il n'y a pas de juste, non pas même un seul… Tous ont péché et sont privés de la gloire de Dieu* » (Romains 3. 10, 23). N'endors surtout pas ta conscience et ne cherche pas à fuir la réalité, en disant que Dieu n'existe pas, ou que s'il existe, tu iras au ciel, au Paradis, après ta mort, parce qu'Il est bon !

Ne t'imagine pas que tu iras au ciel, seulement parce que tu portes le nom de chrétien, ou que tu es né dans une famille chrétienne

Aujourd'hui, beaucoup de ceux qui sont baptisés, qui vont à l'église et chantent des cantiques au Seigneur se disent chrétiens et se font appeler tels. Mais Jésus dit : « *Ce ne sont pas tous ceux qui me disent : "Seigneur, Seigneur", qui entreront dans le royaume des cieux, mais celui qui fait la volonté de mon Père qui est dans les cieux. Beaucoup me diront en ce jour-là : "Seigneur, Seigneur, n'avons-nous pas prophétisé en ton nom, n'avons-nous pas chassé des démons en ton nom, et n'avons-nous pas fait beaucoup de miracles en ton nom ?" Alors je leur déclarerai : "Je ne vous ai jamais connus ; allez-vous-en loin de moi, vous qui pratiquez l'iniquité"* » (Matthieu 7. 21-23). « *Car c'est par la grâce que vous êtes sauvés, par le moyen de la foi, et cela ne vient pas de vous, c'est le don de Dieu ; non pas sur la base des œuvres, afin que personne ne se glorifie* » (Éphésiens 2. 8-9).

Ainsi, ce n'est pas sur la base des bonnes œuvres que l'on ira au ciel. Les bonnes œuvres ne peuvent ni effacer les péchés ni améliorer l'état de l'homme pécheur devant Dieu.

Qui sont réellement ceux qui iront au ciel ?

Jésus dit : « *La volonté de mon Père, c'est que quiconque discerne le Fils et croit en lui ait la vie éternelle ; et moi, je le ressusciterai au dernier jour* » (Jean 6. 40). Ainsi, seuls ceux qui croient en Jésus, *Celui que Dieu a envoyé* (Jean 6. 29), iront au ciel.

Ils iront au ciel…

… parce qu'ils se reconnaissent coupables à cause de leurs péchés, perdus et séparés de Dieu, pour toujours. Avec humilité et crainte, ils confessent au Dieu Sauveur, au Dieu de grâce, tous leurs péchés, selon qu'il est écrit : « *Si nous confessons nos péchés, il (Dieu) est*

fidèle et juste pour nous pardonner nos péchés et nous purifier de toute iniquité » (1 Jean 1. 9). Ils se tournent alors vers Jésus, « *Celui qui n'a pas connu le péché,... mais que Dieu a fait péché pour nous, afin que nous devenions justice de Dieu en lui* » (2 Corinthiens 5. 21). Ils reconnaissent que Jésus, « *l'Agneau de Dieu qui ôte le péché du monde* » (Jean 1. 29), est mort pour eux sur la croix. Dès lors, ils sont au bénéfice du sacrifice de Jésus :
- leurs péchés sont effacés,
- ils reçoivent le pardon de Dieu,
- ils sont justifiés,
- et ils ont la vie éternelle.

Ils ont fait cette démarche parce que Dieu dit dans la Bible, sa Parole :
- « *Jésus Christ, le Juste... est la propitiation pour nos péchés, et non pas seulement pour les nôtres mais aussi pour le monde entier* » (1 Jean 2. 1-2) ; « *Le sang de Jésus Christ son Fils nous purifie de tout péché* » (1 Jean 1. 7) ;
- Dieu « *nous a pardonné toutes nos fautes* » (Colossiens 2. 13) ;
- « *Tous ceux qui croient sont justifiés gratuitement par sa grâce, par la rédemption qui est dans le Christ Jésus* » (Romains 3. 24) ;
- « *En vérité, en vérité, je vous dis : Celui qui entend ma parole, et qui croit celui qui m'a envoyé, a la vie éternelle et ne vient pas en jugement ; mais il est passé de la mort à la vie* » (Jean 5. 24).

Ayant l'assurance que leurs péchés ont été pardonnés par Dieu, ces personnes sauvées par grâce sont nées de nouveau et iront donc au ciel, avec Jésus, pour une éternité de bonheur.

En revanche, ceux qui n'auront pas cru dans leur cœur au sacrifice de Jésus sur la croix et n'auront donc pas eu la vie divine en eux – ces chrétiens de nom, qui auront simplement eu un comportement extérieur semblable à celui des vrais chrétiens – n'iront pas au ciel.

Dieu veut que tu ailles au ciel :
il t'offre dès aujourd'hui le salut

Ce que Dieu veut, ce n'est pas ta perte, mais bien le salut de ton âme. C'est pour ton salut qu'il a envoyé son Fils Jésus pour mourir à ta place. Jésus est venu *« pour donner sa vie en rançon pour un grand nombre »* (Matthieu 20. 28), pour toi en particulier. Le salut que Dieu te propose dans son amour est entièrement gratuit, car Jésus a tout préparé pour ta délivrance. Il n'y a rien à ajouter à son œuvre. Tu peux donc aujourd'hui être réconcilié avec Dieu, par Jésus. Comment ?

Repens-toi,...

... car tu es pécheur par nature, et à cause du péché qui habite en toi, tu es séparé de Dieu et spirituellement mort. L'apôtre Paul a dit à des croyants, avant leur conversion : « *Vous étiez morts dans vos fautes et dans vos péchés* » (Éphésiens 2. 1). Étant dans cet état, comme eux, tu es coupable devant Dieu. Repens-toi donc, c'est-à-dire :

• Tourne-toi vers Dieu : « *Tournez-vous vers moi, et soyez sauvés, vous, tous les bouts de la terre ; car moi, je suis Dieu, et il n'y en a pas d'autre* » (Ésaïe 45. 22) ;

• Reconnais qu'à cause de tous tes péchés – désobéissance, vol, mensonge, idolâtrie, et aussi mauvaises pensées, convoitise, jalousie, orgueil... – tu mérites d'être éloigné de Dieu pour l'éternité ;

• Regrette tous tes péchés et confesse-les devant Dieu, avec le désir sincère de ne plus recommencer.

Dans la Bible, le fils rebelle a fait cette démarche, et il n'a pas été rejeté. « *Revenu à lui-même, il dit : Combien d'ouvriers de mon père ont du pain en abondance, et moi je péris ici de faim ! Je me lèverai, je m'en irai vers mon père et je lui dirai : Père, j'ai péché contre le ciel et devant toi ; je ne suis plus digne d'être appelé ton fils ; traite-moi comme l'un de tes ouvriers...* ». Tu peux relire toute l'histoire en Luc chapitre 15, du verset 11 au verset 32 (page 62).

« *Repentez-vous et croyez à l'évangile* » (Marc 1. 15), « *Repentez-vous donc et convertissez-vous, pour que vos péchés soient effacés* » (Actes 3. 19).

Dans la Bible, Saül de Tarse, qui est devenu plus tard l'apôtre Paul, s'est converti lorsqu'il a été touché par Dieu, alors qu'il faisait beaucoup de mal à ceux qui avaient cru en Jésus : « *Il était en chemin et approchait de Damas, quand soudain une lumière brilla du ciel autour de lui comme un éclair. Et, étant tombé à terre, il entendit une voix qui lui disait : Saul ! Saul ! pourquoi me persécutes-tu ?*
– *Qui es-tu, Seigneur ? demanda-t-il.*
– *Je suis Jésus que tu persécutes...* ».

Après sa repentance envers Dieu et sa conversion, Saül de Tarse est passé d'une religion de tradition, d'une religion de forme, au vrai christianisme. Il est devenu un des témoins efficaces de Christ. Tu peux relire le récit de sa conversion en Actes des Apôtres, chapitre 9, du verset 1 au verset 30 (page 119), et même lire le Nouveau Testament, pour voir comment cet apôtre a été utilisé par Dieu.

« Crois au Seigneur Jésus et tu seras sauvé » (Actes 16. 31)

(Tu peux relire dans le livre des Actes des Apôtres, chapitre 16, versets 22 à 34, l'histoire du gardien de prison qui voulait se suicider après le tremblement de terre.)

Si tu crois en Jésus, la vie de Dieu t'est communiquée, selon qu'il est écrit : « *Qui croit au Fils a la vie éternelle ; mais qui désobéit* (refuse de croire) *au Fils ne verra pas la vie, mais la colère de Dieu demeure sur lui* » (Jean 3. 36). Ainsi, « *celui qui ne croit pas est déjà jugé, parce qu'il n'a pas cru au nom du Fils unique de Dieu* » (Jean 3. 18).

Celui qui a Jésus, le Fils de Dieu, a la vie

« *Vous avez la vie éternelle, vous qui croyez au nom du Fils de Dieu* » (1 Jean 5. 13) : telle est la conviction de celui qui place en Jésus sa foi, la foi qui sauve. Si tu as cette conviction, tu es sûr d'aller au ciel, au Paradis, là où se trouve Jésus, ton Seigneur et Sauveur. Tu y seras pour toujours avec lui.

« Celui qui n'a pas le Fils de Dieu (Jésus) n'a pas la vie » (1 Jean 5. 12)

En conséquence, il n'entrera pas dans le Paradis, et après sa mort, il partagera, pour l'éternité, le sort de ceux dont il est dit : « *Quant aux lâches, aux incrédules, aux dépravés, aux meurtriers, aux fornicateurs, aux magiciens, aux idolâtres et à tous les menteurs, leur part sera dans l'étang brûlant de feu et de soufre, qui est la seconde mort* » (Apocalypse 21. 8).

Toi, confie à Jésus, dès aujourd'hui, le sort éternel de ton âme. Alors tu connaîtras une vraie et parfaite délivrance : « *le salut de l'âme* » (1 Pierre 1. 9). Sauvé, tu pourras dire : "J'appartiens à Jésus, et personne ne peut m'arracher de ses mains ni de celles de son Père" (voir Jean 10. 28-30).

Index alphabétique

L'explication des termes ci-dessous s'appuie sur tous les textes du Nouveau Testament, et quelquefois de l'Ancien. On trouvera donc de nombreuses références à d'autres parties de la Bible.

1ᵉʳ sens o
2ᵉ sens ↺
3ᵉ sens ▿

Achaïe o
Sous la domination de l'Empire romain, la Grèce est divisée en deux provinces : au sud, l'Achaïe, ayant pour capitale Corinthe, où siège le *Proconsul*° ; au nord, la *Macédoine*°, dont Amphipolis était la capitale (Actes 18. 27 ; 19. 21).

Alliance o
Les alliances de Dieu avec l'homme dans la Bible ne constituent pas une entente entre deux ou plusieurs parties. Elles sont toujours à l'initiative de Dieu. Elles ont pour but la bénédiction de ceux à qui elles s'adressent (individu ou peuple). Elles sont conclues avec ou sans conditions. À l'égard de Noé et d'Abraham, l'alliance était sans conditions ; les signes en étaient respectivement l'arc-en-ciel et la *circoncision*°. L'ancienne alliance (2 Corinthiens 3. 14, où "Testament" peut aussi se traduire par "alliance") a été conclue avec Israël sous condition d'obéissance. Israël était béni à condition d'observer la loi donnée par Dieu à Moïse.
La nouvelle alliance sera conclue par Dieu encore en faveur du peuple d'Israël, pour sa bénédiction future sans condition, parce qu'elle est fondée sur la valeur du sang de Christ, le sang de la nouvelle alliance (Hébreux 9. 15-22). C'est sur ce même fondement que reposent l'espérance et les bénédictions de l'Église (1 Corinthiens 11. 25).

Âme / esprit / corps °

Tout "être vivant" a en soi "une âme vivante", animale (Genèse 1. 21, 24, 30). Mais "Dieu créa l'homme à son image" (1. 23), de façon différente des animaux. "Dieu forma l'homme, poussière du sol, et souffla dans ses narines une respiration de vie, et l'homme devint une âme vivante" (Genèse 2. 7).

L'homme (la personne) se compose de l'âme, de l'esprit et du corps (1 Thessaloniciens 5. 23). L'âme et l'esprit constituent ensemble la partie immatérielle de l'homme, immortelle, distincte de son corps. Âme et esprit sont donc très liés, cependant la Parole de Dieu les distingue (Hébreux 4. 12).

- L'âme et la vie sont très fréquemment mises en parallèle dans l'Ancien Testament (Job 9. 21 ; 33. 18 ; voir aussi Lévitique 17. 11). Le mot désigne aussi l'être moral et spirituel tout entier, distinct du corps (Matthieu 10. 28), voire la personne tout entière (Genèse 46. 15 ; Ézéchiel 18. 20 ; Actes 2. 43 ; Romains 2. 9). Elle est la partie de l'homme qui est responsable devant Dieu, et peut être perdue ou sauvée (Matthieu 16. 26 ; 1 Pierre 1. 9). Elle est également le siège de nos émotions, de nos désirs, de nos sentiments. En ce sens, cœur et âme sont très proches.

- L'esprit, souffle de Dieu dans l'homme, est la part intelligente de notre être qui nous permet d'entrer en relation avec Dieu, et d'avoir communion avec lui (Job 32. 8 ; Romains 8. 16).

- Le corps est l'édifice, la "tente" (2 Corinthiens 5. 1) qui abrite notre personne. Il est aussi "le temple du Saint Esprit" pour celui qui a cru. C'est pourquoi nous devons l'honorer en prenant soin de lui, mais avec sobriété, et veiller à ne pas l'utiliser pour des pratiques impures. Voir *Fornication*°.

Par la nouvelle naissance, le croyant est "né de Dieu" (Jean 1. 13), "né de l'Esprit" (Jean 3. 8) ; il reçoit le "salut" de son âme (1 Pierre 1. 9) et il attend le salut de son corps à la venue du Seigneur, par la résurrection ou la transformation en corps de gloire pour le ciel (Romains 8. 23 ; 1 Corinthiens 15. 49, 51, 52 ; Philippiens 3. 20, 21).

Anciens ○

Anciens des Juifs : représentants du peuple, associés aux décisions des chefs religieux (Exode 3. 16 ; Matthieu 16. 21 ; Marc 8. 31 ; Luc 9. 22). À Jérusalem, le Corps ou Conseil des Anciens (Matthieu 26. 3, 4 ; Luc 22. 66).

Anciens ¤

Dans l'*Assemblée*○ chrétienne : frères ayant une charge de *surveillant*○ (Actes 14. 23 ; 15. 2-6, 22, 23 ; 1 Timothée 3. 1-7 ; 5. 17 ; Tite 1. 5-9, etc.).

Apôtres ○

❶ Les douze disciples choisis par Jésus (Matthieu 10. 2-4).

❷ Ceux qui, tels Paul ou Barnabas, ont été envoyés comme premiers messagers de l'Évangile (Actes 14. 14).

Armée ○

Armée romaine : l'unité la plus importante était la *Légion* (5 000 à 6 000 hommes, sans compter les renforts d'auxiliaires) ; elle était divisée en 10 *cohortes* de 500 à 600 hommes. Le *centurion* (centenier) commandait une centaine de soldats. Les commandants (chiliarques), officiers supérieurs, étaient à la tête d'une ou plusieurs cohortes, ou étaient chefs des garnisons locales.

– Sens particulier : Légion : nombre élevé. Voir *Légion* ¤

Armée ¤

– "multitude de l'armée céleste" : les anges (Luc 2. 13).

– "les armées qui sont dans le ciel" : les croyants qui accompagnent le Seigneur Jésus quand il sort du ciel pour juger ses ennemis (Apocalypse 19. 14).

Asie ○

Dans le N.T., le nom "Asie" désigne ordinairement la province romaine, partie ouest de l'Asie Mineure (Turquie actuelle) en bordure de la mer Égée, et composée du nord au sud de la Mysie et de Troas, de la Lydie et de la Carie ; il faut y ajouter, plus à l'est, la Phrygie.

Au temps des Actes des Apôtres, les Romains étendaient leur domination ou leur influence, dans le reste de l'Asie Mineure, sur les contrées du nord, en bordure de la mer Noire ou Pont-Euxin : Bithynie et Pont ; plus à l'est, Cappadoce ; au centre, Galatie, Lycaonie et Pisidie ; au sud, sur la Méditerranée, depuis la côte syrienne : Cilicie, Pamphylie et Lycie.

Assemblée o, Voir *Corps de Christ*

Le même terme "assemblée" (ou "église", en grec : "ecclesia") est employé pour désigner :

❶ L'Assemblée dont Jésus Christ a révélé la formation, en disant : "Je bâtirai mon assemblée". Lui seul bâtit cet édifice unique fondé sur le rocher qu'il est lui-même : "le Christ, le Fils du Dieu vivant" (Matthieu 16. 16-18). Elle est comparée à "une maison spirituelle" composée de "pierres vivantes" (1 Pierre 2. 3-5) et elle comprend tous les vrais chrétiens (nés de nouveau, sauvés par la foi en Jésus Christ, Actes 2. 47), depuis la venue du Saint Esprit (Actes 1. 4, 5 ; 2. 1-4) jusqu'à leur résurrection et leur enlèvement au ciel (1 Thessaloniciens 4. 13-17).

❷ L'Assemblée de Dieu, du Dieu vivant, composée de tous les vrais chrétiens qui vivent à un moment donné sur la terre (Romains 12. 5 ; 1 Corinthiens 1. 2 ; 1 Timothée 3. 5, 15).

❸ L'assemblée locale composée de tous les vrais chrétiens d'une localité (Actes 13. 1), ou les assemblées locales considérées ensemble dans une région (Actes 8. 1 ; 9. 31) ou en général (Romains 16. 16 ; 1 Corinthiens 7. 17 ; 11. 16). Chacune d'elles est une partie (et fait partie) de l'Assemblée de Dieu au sens des points 1 et 2, sans en être détachée, et la représente localement (Matthieu 18. 17 ; 1 Corinthiens 1. 2 ; 2 Corinthiens 1. 1).

❹ Le rassemblement effectif en un lieu et à un moment donné des chrétiens d'une localité (même s'ils ne sont pas tous présents) : "quand vous vous réunissez en assemblée" (1 Corinthiens 11. 18, 22 ; 14. 4, 19, 28, 34 ; 3 Jean 6).

Bath o, Voir *Mesures*

Béelzébul o

Nom donné par les Juifs au chef des démons, c.-à-d. à Satan (Matthieu 12. 22-28 ; Marc 3. 22 ; Luc 11. 15).

Bénir ○

Dire du bien (le sens apparaît dans le mot bénédiction), d'où

– Bénir Dieu : le louer (Luc 2. 28).

– Dieu bénit quelqu'un, il bénit un peuple : il lui fait du bien (Genèse 24. 35).

– Un homme en bénit d'autres : il demande que Dieu leur fasse du bien (Nombres 6. 23-27 ; Luc 6. 28).

Exemples :

– "Le Fils du Béni" (Marc 14. 62) : Dieu est celui que nous louons.

– "Béni soit le royaume… de notre père David" (Marc 11. 10) : que Dieu fasse de ce royaume une source de bénédiction pour tous !

– "Tu es bénie parmi les femmes" (Luc 1. 28) : Dieu s'est occupé de toi d'une manière particulière.

– "Il posa ses mains sur eux et les bénit" (Marc 10. 16) : Jésus appelle la bénédiction divine sur ces petits enfants.

– "Il prit les cinq pains… et il les bénit et les rompit" (Luc 9. 16) : il appelle la bénédiction divine sur ces pains afin qu'ils fassent du bien à ceux qui les mangeront.

Bithynie ○, Voir *Asie*

Blasphémer / blasphème ○

Un blasphème est une parole injurieuse concernant Dieu, ou concernant des choses saintes ; blasphémer, c'est prononcer des blasphèmes (Matthieu 9. 3 ; 1 Timothée 1. 20).

Boisseau ○

Mesure de capacité (environ 9 litres) ; récipient usuel, de cette capacité, servant à mesurer les céréales.

– Sens particulier : Mettre sous le boisseau : cacher, dissimuler (Matthieu 5. 15 ; Marc 4. 21 ; Luc 11. 33).

Bonne nouvelle ○, Voir *Évangile / évangéliser*

- Luc 4. 18 – aux pauvres
- Actes 10. 36 – de la paix par Jésus Christ

Cappadoce ○, Voir *Asie*

Ceindre (se) ○

Pour l'Oriental aux vêtements flottants, c'est en relever les pans et les serrer autour de la taille, autrement dit se mettre en tenue de marche (Actes 12. 8 ; Jean 21. 18), de service (Luc 12. 37 ; Jean 13. 2-5), ou de combat (Éphésiens 6. 14). Le terme s'emploie aussi au figuré (1 Pierre 1. 13).

Centurion ○, Voir *Armée*

César ○

Titre des empereurs romains depuis Octave Auguste (fils adoptif du dictateur Jules César), qui régna sous ce nom, de 27 avant à 14 après J.-C. Son successeur Tibère mourut en 37 de notre ère (Luc 3. 1).

Chair ○, Voir *Vieil homme*

Outre son sens propre, ce mot représente :
– le corps de l'homme (1 Corinthiens 6. 16).
– "la nature" ou "la condition humaine", sans nuance défavorable (voir Romains 1. 3 ; 9. 5 ; Jean 1. 14). "Les enfants de la chair" (Romains 9. 8) : la descendance, au sens physique.
– "la nature pécheresse" de l'homme déchu, dominée par les convoitises "charnelles", la méchanceté, l'égoïsme, l'orgueil, et ennemie de Dieu (Romains 8. 3, "chair de péché"). Elle reste présente chez le croyant, provoquant ses défaillances ou ses péchés.

Christ ○, Voir *Jésus Christ*

Chute ○, Voir *Scandale / scandaliser*

– Chute : Au sens moral, tomber dans le péché en désobéissant à la volonté de Dieu – exemple : Adam et Ève.
– Occasion de chute : Provoque la chute de quelqu'un, l'entraîne à mal faire.
• Matthieu 18. 6, 7 – pour les enfants
• Marc 9. 42 – idem
• Romains 14. 13-15 – pierre d'achoppement pour un frère
• 1 Corinthiens 8. 9-13 – idem
• 1 Jean 2. 9-11 – comment l'éviter

Cilicie ○, Voir *Asie*

Circoncire / circoncision ○

Signe d'alliance donné par Dieu à Abraham et à sa descendance, ainsi qu'à ceux qui vivaient avec lui (excision du prépuce de tous les mâles : Genèse 17 ; Jean 7. 22, 23). Les nouveau-nés étaient circoncis le huitième jour (Luc 1. 59 ; 2. 21 ; Philippiens 3. 5).

– Sens symbolique :

❶ Dans l'A.T. la circoncision est intimement liée à la soumission et à l'obéissance (voir Actes 7. 51).

❷ Dans le N.T., en contraste avec la circoncision de la chair, la "circoncision" du croyant est celle du cœur, en esprit (Romains 2. 29 ; Philippiens 3. 3 ; Colossiens 2. 11), signe spirituel intérieur de notre mort et de notre appartenance à Christ (voir aussi Actes 15. 1 ; 1 Corinthiens 7. 18-20).

– Sens particulier : Les termes "Circoncision" et "Incirconcision" (Éphésiens 2. 11 ; Colossiens 4. 11 ; Tite 1. 10) peuvent désigner aussi l'ensemble des circoncis et des non-circoncis (ou incirconcis), autrement dit, les Juifs en contraste avec les non-Juifs, ou *nations*°.

Citoyenneté ○

Droit de cité. La qualité de citoyen romain, reçue par la naissance ou acquise, conférait le droit d'être, à travers tout l'Empire, protégé par les autorités et, si nécessaire, jugé selon les lois romaines sans être molesté. Voir Actes 16. 21, 37, 38 ; 22. 24-29 ; 23. 27.

Cohorte ○, Voir *Armée*

Commandant ○, Voir *Armée*

• Actes 23. 17

Commandement(s) ○, Voir *Loi, loi*

Les commandements sont l'expression de la volonté de Dieu. Les croyants sont invités à obéir à ses commandements, à garder sa Parole qui les présente. C'est une obéissance librement consentie parce que le croyant connaît l'amour de Dieu (Jean 14. 15, 21, 23, 24 ; 15. 10, 12 ; 1 Jean 2. 3 ; 3. 22-24).

– Sens particulier : La Loi donnée à Israël (Matthieu 5. 17-19 ; 7. 12, etc.).

Cor ○, Voir *Mesures*

Corps de Christ ○, Voir *Assemblée*

Tous les chrétiens (nés de nouveau) sont "scellés du Saint Esprit" (Éphésiens 1. 13). Ils ont tous été ensemble "baptisés d'un seul Esprit pour être un seul corps" (1 Corinthiens 12. 13), le corps de Christ, dont lui est le chef, la tête. Ce Corps est identifié à l'Assemblée (ou Église) : Éphésiens 1. 23 ; Colossiens 1. 24.

Corps humain ○, Voir *Âme / esprit / corps*

Craindre / crainte ○

Le mot a souvent son sens courant (Marc 10. 32 ; Actes 9. 26 ; 2 Timothée 1. 7 ; 1 Jean 4. 18).

Mais quand il est question de crainte de Dieu, de crainte du Seigneur (Actes 9. 31 ; Romains 3. 18), il ne s'agit pas de peur. C'est la conscience de la grandeur et de la sainteté de Dieu, nous amenant à être très attentifs à tout ce que nous faisons ou pensons devant Celui en présence de qui nous vivons.

– Sens particulier : pour une femme, craindre son mari (Éphésiens 5. 33), c'est reconnaître par son attitude la place de responsabilité qu'il a dans le foyer (voir 1 Pierre 3. 1-6).

Démons / démoniaques ○, Voir *Impurs (esprits) / démons*

Denier ○, Voir *Monnaie / poids*

Monnaie romaine, pièce d'argent d'environ 4 grammes, salaire d'une journée d'ouvrier en Israël (Matthieu 20. 2 ; Jean 6. 7).

Dîme ○

Dans l'A.T., les Israélites étaient tenus d'offrir à Dieu (comme vrai propriétaire de la Terre promise : Lévitique 25. 23) le dixième de leurs revenus, pour subvenir aux besoins des *Lévites*° et des *Sacrificateurs*° (Lévitique 27. 30-32 ; Luc 18. 12).

Docteur ○, Voir *Maître*°

– celui qui enseigne.

– docteur de la Loi : *Scribe*° spécialisé dans l'enseignement de la Loi de Moïse, et des Écritures de l'Ancien Testament en général.

Doctrine ○

Enseignements de Dieu et du Seigneur Jésus au sujet de la foi et de la vie chrétienne.

• Jean 7. 16, 17 – de Dieu
• Jean 7. 16 – du Christ
• Actes 13. 12 – du Seigneur

Drachme ○, Voir *Monnaie / poids*

Pièce grecque de même valeur que le *denier*° romain, salaire d'une journée d'ouvrier agricole (Matthieu 20. 2 ; Luc 15. 8).

Élection ○
Le mot signifie "choix". Dieu "a donné son Fils unique afin que *quiconque* croit en lui ne périsse pas mais qu'il ait la vie éternelle" (Jean 3. 16). Et ceux qui ont cru ont été élus en Christ avant la fondation du monde (Éphésiens 1. 4).
La source de leur élection est la grâce souveraine de Dieu, non la volonté de l'homme (Romains 9. 11 ; 11. 5).
L'élection ne peut être une excuse pour l'incrédulité ; on la "découvre" une fois que l'on a cru ; elle est pour le croyant un motif d'humilité et d'adoration.
Élu ○, Voir *Élection*
Enfer ○
Ce terme désigne dans le langage courant le lieu des tourments après la mort de ceux qui ont refusé la grâce de Dieu pendant leur vie sur la terre. Il est mentionné dans le Nouveau Testament sous plusieurs expressions :
❶ la géhenne : Voir *Géhenne*°
❷ l'étang de feu et de soufre (Apocalypse 20. 10, 14, 15)
❸ les ténèbres de dehors (Matthieu 8. 12)
❹ le feu éternel, les tourments éternels (Matthieu 25. 41, 46 ; Jude 7).
Esprit / Esprit Saint ○, Voir *Saint Esprit*
- Luc 1. 35
- Jean 3. 5-8
- Actes 5. 3, 4

Évangile / évangéliser ○
Ces mots dérivent d'un mot grec signifiant : bonne nouvelle. L'évangile est la bonne nouvelle par excellence, c.-à-d., dans le N.T., l'heureux message du salut éternel offert par la grâce de Dieu. Évangéliser, c'est annoncer cette bonne nouvelle (Actes 10. 36 ; 20. 24 ; Romains 1. 1, 9 ; 15. 16, 19 ; Éphésiens 2. 17 ; 1 Pierre 1. 12).
Fils de Dieu ○, Voir *Jésus Christ*
Fils de l'homme ○, Voir *Jésus Christ*
Fornication / fornicateur ○
Relations sexuelles hors mariage.
Galatie ○, Voir *Asie*

Galilée / Galiléen ○

La plus septentrionale des trois provinces de Palestine, au nord de la *Samarie*°, à l'ouest du Jourdain et de la mer de Tibériade (ou mer de Galilée ou encore lac de Génésareth ; Jean 6. 1 ; 21. 1 ; Luc 5. 1) ; elle était séparée de la Méditerranée par la Syro-Phénicie (Matthieu 4. 12-15).

Géhenne ○, Voir *Enfer*

Du nom d'une vallée près de Jérusalem, surnommée Topheth (fournaise) et profanée par le roi Josias (2 Rois 23. 10), où l'on brûlait des immondices. D'où le sens figuré : lieu des tourments éternels (Matthieu 10. 28 ; 18. 8, 9 ; Marc 9. 43-48 ; Luc 12. 5) ; "fils de la géhenne" (Matthieu 23. 15) : voué au jugement.

Gouverneur ○

Gouverneur ou procurateur, fonctionnaire relevant directement de l'empereur romain pour l'administration d'une province. Depuis l'an 6 de notre ère, la *Judée*°, la *Samarie*° et l'*Idumée*°, réunies sous le nom de province de *Judée*°, étaient placées sous l'autorité d'un procurateur, qui avait des pouvoirs civils et militaires, le droit de vie et de mort. Le *Prétoire* (Matthieu 27. 1, 2, 27 ; Jean 18. 28, 33 ; 19. 9) était à la fois sa résidence et le siège de son tribunal.

Grâce ○, Voir *Pardonner*

La grâce est une faveur accordée à quelqu'un qui est sous une condamnation. Dans son caractère divin, elle est la manifestation de l'amour de Dieu envers des hommes "par nature enfants de colère" (Éphésiens 2. 3). C'est à ceux qui se reconnaissent tels qu'il offre le salut gratuitement : "C'est par la grâce que vous êtes sauvés, par le moyen de la foi" (Éphésiens 2. 8). "Tous ceux qui croient sont justifiés gratuitement par sa grâce, par la rédemption qui est dans le Christ Jésus... par la foi en son sang" (Romains 3. 24, 25). La grâce a été révélée par la venue de notre Sauveur Jésus Christ : "La grâce et la vérité sont venues par Jésus Christ" (Jean 1. 17). Cette grâce accompagne le chrétien toute sa vie : "Ma grâce te suffit" (2 Corinthiens 12. 9).

Grec ○, Voir *Nations / Grec*

Non Juif, originaire d'un pays du pourtour de la Méditerranée. Quand le mot est associé à "Juif", il s'agit simplement de quelqu'un qui n'est pas Juif (voir Romains 2. 9 par exemple).

Hébreux ○

Dans le Nouveau Testament, les Hébreux étaient ceux parmi les Juifs qui parlaient l'hébreu ou l'araméen, et étaient donc capables de comprendre l'Ancien Testament dans sa langue originale. Voir Actes 6 et *Hellénistes*°.

Hadès ○

Mot grec désignant de façon très vague (comme le shéol ou schéol de l'A.T.) le lieu invisible où vont les âmes des hommes après la mort (Matthieu 11. 23 ; Luc 16. 23) ; distinct de la *géhenne*°, lieu des tourments éternels.

Hellénistes ○

À la différence des *Hébreux*°, Juifs vivant en Israël et parlant l'araméen, les Hellénistes étaient des Juifs de diverses origines, parlant le grec et lisant sans doute dans cette langue une traduction de l'A.T. (Actes 6. 1 ; 9. 29).

Hérode ○

Hérode le Grand, *Iduméen*° d'origine, roi de Judée sous le contrôle des Romains depuis l'an 37 avant J.-C. Voir *Temple*°. Il mourut peu après le massacre des enfants de Bethléem (Matthieu 2. 16, 19).

Hérode ○

Hérode Antipas, un des fils d'Hérode le Grand, à qui les Romains avaient attribué, avec le titre de *Tétrarque*°, le gouvernement de la *Galilée*°, de l'an 4 avant J.-C. à 39 après J.-C. ; il épousa Hérodias, divorcée de son frère Philippe, et fit décapiter Jean le Baptiseur (Matthieu 14. 1-12 ; Marc 6. 14-29 ; Luc 9. 7-9). C'est à lui que Pilate a envoyé Jésus (Luc 13. 31 ; 23. 6-12).

Hérode ○

– Hérode Agrippa 1, petit-fils d'Hérode le Grand, neveu du précédent : roi de *Judée*° (Actes 12. 1, 2). Il mit les mains sur des chrétiens et fit mourir Jacques, le fils de Zébédée. Il fit aussi prendre Pierre et le fit mettre en prison ; mais le Seigneur délivra Pierre de la main d'Hérode. Cet Hérode expira, rongé par les vers (Actes 12. 23).

– Hérode Agrippa 2, fils d'Agrippa 1 (Actes 25. 13). L'apôtre Paul comparut devant lui.

Heure ○, Voir *Temps*

Holocauste ○, Voir *Sacrifice*

Dans l'A.T., l'un des quatre sacrifices qui étaient offerts à Dieu, il était brûlé entièrement. Il symbolise l'offrande de Jésus Christ à Dieu sur la croix.

Aimer Dieu et son prochain vaut mieux qu'offrir de tels sacrifices d'une façon rituelle (Marc 12. 33 ; Hébreux 10. 6-8).

Idumée / Iduméen ○

Contrée au sud-ouest de la mer Morte, occupée par les descendants d'Ésaü (ou Édom), frères ennemis des Israélites (Genèse 27. 41 ; 36. 8 ; Psaume 137. 7 ; Abdias 8-14 ; Marc 3. 8). Antipater, procurateur de Judée, et son fils le roi *Hérode*° étaient iduméens.

Impurs (esprits) / démons ○

Anges qui, au lieu de garder leur origine, comme "les saints anges" (Luc 9. 26), ont péché et ont suivi le diable dans sa rébellion contre Dieu. Sachant qu'ils sont voués au châtiment éternel (Matthieu 25. 41 ; 8. 29), ils incitent les hommes au mal sous toutes ses formes, pour entraver les desseins divins : méchanceté, perversion, mensonge, orgueil, convoitises, idolâtrie, athéisme.

– Sens particulier : dans certains cas, ils peuvent s'emparer de l'esprit et du corps de ceux qu'on appelle alors *démoniaques* (voir Matthieu 12. 22 ; Marc 6. 13 ; 16. 17 ; Luc 9. 1 ; 10. 17, etc.).

Incirconcis / incirconcision ○, Voir *Circoncire / circoncision*

Jacques ○

Un des douze apôtres de Jésus, fils de Zébédée et frère de l'apôtre Jean (Matthieu 4. 21 ; 10. 2 ; 17. 1 ; Marc 5. 37 ; 14. 33 ; Actes 1. 13) ; mis à mort par *Hérode*▽ Agrippa 1 (Actes 12. 1, 2).

Jacques ¤

Un autre des douze apôtres de Jésus, fils d'Alphée, surnommé Jacques le Mineur ou le Petit (Matthieu 10. 3 ; Marc 3. 18 ; 15. 40 ; Actes 1. 13).

Jacques ▷

"Frère du Seigneur" (Matthieu 13. 55 ; Galates 1. 19), il douta d'abord de la mission de Jésus, comme les autres membres de la famille (Jean 7. 3-10), puis devenu croyant comme eux (Actes 1. 14 ; 1 Corinthiens 15. 7), fut un des principaux de l'assemblée à Jérusalem (Galates 2. 9, 12 ; Actes 12. 17). Il est probablement l'auteur de l'épître qui porte son nom.

Jésus Christ ○

Jésus signifie : "L'Éternel (est) Sauveur". Christ, en grec, signifie : "Oint", c.-à-d. consacré, établi ; même sens qu'en hébreu : (le) Messie (Jean 1. 41) ; titre prophétique devenu un véritable nom de Jésus (Matthieu 1. 16 ; Jean 1. 17). Jésus Christ est né de la vierge Marie (Luc 1. 31) ; il est le Fils de Dieu (Luc 1. 35 ; 3. 22), et se désigne lui-même aussi par le titre de Fils de l'homme (Luc 19. 10 ; Jean 1. 51).

Les écrivains du Nouveau Testament emploient tantôt : Jésus (le plus souvent dans les évangiles), Christ, ou le Christ ; tantôt : Jésus Christ, le Christ Jésus, le Seigneur, ou plusieurs de ces titres associés, par exemple : notre Seigneur Jésus Christ. Paul déclare qu'il est "sur toutes choses Dieu béni éternellement" (Romains 9. 5 ; comparer 1. 25).

Jour ○

– Une période biblique particulière : le jour de la rédemption (Éphésiens 4. 30) ; du salut (2 Corinthiens 6. 2) ; du jugement (Matthieu 10. 15 ; Actes 17. 31 ; 2 Pierre 3. 7) ; de Jésus Christ (Philippiens 1. 6, 10 ; 2. 16) ; du Seigneur (1 Thessaloniciens 5. 2 ; 2 Pierre 3. 10) ; de Dieu (2 Pierre 3. 12) ; d'éternité (2 Pierre 3. 18), etc.

– Les derniers jours : les temps de la fin (2 Timothée 3. 1 ; 2 Pierre 3. 3).

Jude ○

❶ Un des frères de Jésus (Matthieu 13. 55 ; Marc 6. 3).
❷ Un des douze apôtres (Luc 6. 16 ; Jean 14. 22 ; Actes 1. 13), appelé aussi Thaddée ou Lebbée (Matthieu 10. 3 ; Marc 3. 18).

L'auteur de l'épître qui porte ce nom : "Jude, frère de Jacques" (Jude 1) est probablement le premier, frère de "*Jacques*▷ le frère du Seigneur" (Galates 1. 19), mais le second est aussi appelé "frère" de Jacques dans deux des passages cités.

Judée ○

Territoire à l'ouest de la mer Morte et du Jourdain, correspondant à peu près à l'ancien royaume de Juda, qui avait Jérusalem pour capitale. Les Romains avaient établi *Hérode*○ le Grand comme roi de Judée, puis son fils Archélaüs comme prince. En l'an 6 de notre ère, la Judée fut placée sous les ordres d'un *Gouverneur*○ (ou procurateur) siégeant dans le port de Césarée. Il séjournait habituellement à Jérusalem pendant les grandes fêtes juives. Ponce *Pilate*○ fut procurateur de 26 à 36 après J.-C.

Légion ○

Nom des esprits immondes qui avaient pris possession d'un homme, guéri par Jésus (Marc 5. 9, 15 ; Luc 8. 30) ; le nom Légion vient du fait qu'il y avait beaucoup de démons en lui.

Lévites ○

Hommes de la tribu de Lévi, fils de Jacob, préposés au service de Dieu et de son sanctuaire, auxiliaires des *sacrificateurs*○, qui étaient de la même tribu, mais descendaient d'Aaron, frère de Moïse (Nombres 3. 5-10).

Loi, loi ○, Voir *Commandement(s)*

Il y a plusieurs significations du mot, et on peut distinguer :

❶ La loi dans son sens général (exemple : Romains 7. 1) ; le mot est alors écrit sans majuscule, ni ○.

❷ La Loi, donnée par Dieu à Israël au Sinaï, comprenant en particulier les dix commandements. C'est le sens le plus courant (exemple : Luc 2. 22). Selon l'usage du terme parmi les Juifs, il désigne parfois les cinq livres de Moïse (exemple : Luc 24. 44), ou même l'A.T. dans son ensemble (exemple : Jean 10. 34). Cependant, on a écrit : "la loi de Dieu, du Seigneur, de Moïse", sans majuscule.

Lycaonie ○, Voir *Asie*

Lycie ○, Voir *Asie*

Macédoine ○, Voir *Achaïe*

Région du nord de la Grèce, ayant Amphipolis pour capitale. L'apôtre Paul y évangélisa en particulier les villes de Philippes (Actes 16. 12-40) et de Thessalonique (Actes 17. 1-9).

Maison o

– Maison d'habitation (Matthieu 9. 6 ; Marc 5. 38 ; Luc 8. 41).

– Le foyer chrétien, la famille, ou l'ensemble des personnes qui vivent sous un même toit y compris les serviteurs (Actes 10. 2 ; 16. 15 ; 1 Timothée 5. 14).

– "La maison du Père" : le ciel où les croyants passeront l'éternité (Jean 14. 1-3 ; Luc 14. 23).

– "La maison de Dieu" : demeure de Dieu sur la terre. C'est donc le tabernacle ou le temple de Jérusalem (2 Chroniques 3. 3 ; Psaume 42. 4 ; Matthieu 12. 4 ; Jean 2. 16), ou aussi l'Église (ou Assemblée) (1 Timothée 3. 15).

– Image de l'Église (ou Assemblée) (1 Pierre 2. 5, 6 ; Hébreux 3. 6). Voir *Assemblée*°.

– Le corps humain (2 Corinthiens 5. 1).

Maître o

Maître ou seigneur des esclaves et des serviteurs (Matthieu 24. 50 ; 25. 19). Traduit par Seigneur lorsqu'il s'agit de Jésus (Matthieu 7. 21, 22 ; 8. 2, etc.).

Maître ҩ

Maître ou docteur : celui qui est instruit et qui enseigne (Matthieu 8. 19 ; 9. 11, etc.).

Maître ҩ

Celui qui est au-dessus des autres (Luc 5. 5 ; 8. 24, etc.). Un autre terme désigne spécialement le maître de maison (Matthieu 20. 1 ; Luc 12. 39). Pas de renvoi à l'Index pour ce mot.

Malin o, Voir *Impurs (esprits) / démons*

Mauvais, méchant. L'ulcère malin qui vient sur les hommes en Apocalypse 16. 2 est un ulcère douloureux et mauvais. Des femmes qui avaient été guéries d'esprits malins accompagnaient Jésus (Luc 8. 2).

Mesures o, Voir *Boisseau*

❶ Longueur :

Les petites mesures de longueur étaient évaluées par la largeur d'un doigt, d'une main et la longueur de l'avant-bras.

La *coudée* mesurait environ 45 cm.

Le *stade* (185 mètres ; Luc 24. 13) est la huitième partie d'un *mille* (Matthieu 5. 41). Le mille valait 1 000 doubles pas.

Le *"chemin d'un sabbat"* (Actes 1. 12) représentait environ six stades.

❷ Capacité :

Le *bath* valait environ 30 litres (Luc 16. 6).

Le *cor* valait environ 300 litres (Luc 16. 7).

La *mesure* équivalait à 10 litres environ (Matthieu 13. 33 ; Luc 13. 21) mais 39 litres en Jean 2. 6 (autre mot dans l'original).

En Apocalypse 6. 6, elle désigne une mesure d'une capacité d'environ un litre.

Mine ○, Voir *Monnaie / poids*

Monnaie grecque valant 1/60 du talent.

Monnaie / poids ○

Le mot hébreu "shékel", *sicle*, signifie "poids". Employé pour peser toutes sortes de choses, il est devenu l'unité de valeur pour l'argent. Il correspondait à environ 15 grammes.

La *mine*° valait 50 sicles (environ 750 g d'argent) et le *talent*° 60 mines (environ 45 kg d'argent).

La valeur des monnaies a varié selon les époques et les lieux. Au temps des Romains, le sicle était devenu le *statère* (qui veut dire "étalon") qui correspondait à quatre drachmes.

La *drachme*° a finalement été remplacée par le *denier* romain, pièce d'argent d'environ 4 grammes.

Le *denier*° était le salaire d'une journée d'ouvrier en Palestine (Matthieu 20. 2).

Le *lepton*, ou *pite*°, était la plus petite monnaie de bronze (Luc 21. 2), il en fallait 128 pour faire un denier.

Le *quadrant*° valait 2 pites (Marc 12. 42).

Le *sou* valait 8 pites (Matthieu 10. 29), et le denier 16 *sous*.

Mysie ○, Voir *Asie*

Mystère ○

Dans la Bible les mystères ont généralement le caractère de secrets révélés (Luc 8. 10). On les trouve surtout dans les écrits de l'apôtre Paul, appelé le fidèle "administrateur des mystères de Dieu" (1 Corinthiens 4. 1). Citons entre autres :

- Colossiens 2. 2, 3 – de Dieu
- Éphésiens 1. 9, 10 – de la volonté de Dieu
- Éphésiens 3. 9 – de l'Assemblée, corps de Christ
- Éphésiens 5. 32 – de l'épouse de Christ
- 1 Timothée 3. 9 – de la foi
- 1 Timothée 3. 16 – de la piété
- 1 Corinthiens 15. 51-57 – de la *Venue*° du Seigneur.

Nations / Grecs o, Voir *Circoncire / circoncision*

Gens des Nations ou Grecs (ou Gentils) (Romains 1. 16) : peuples ou individus non juifs de race ou de religion.

Oracle o

Dans l'A.T., les oracles sont des prophéties et des paroles prononcées par des prophètes de la part de Dieu. L'apôtre Paul déclare que les oracles de Dieu ont été confiés aux Juifs (Romains 3. 2), soulignant ainsi l'inspiration et l'autorité de l'Ancien Testament. Mais les oracles sont aussi ceux qui sont chargés de communiquer ces prophéties. Ainsi, "parler comme oracle de Dieu" (1 Pierre 4. 11), c'est proclamer, comme de sa part, ce qu'enseigne sa Parole.

Pains sans levain o, Voir *Pâque*

Pamphylie o, Voir *Asie*

Pâque o

La première des trois grandes fêtes annuelles auxquelles tous les Israélites étaient tenus de participer (Deutéronome 16. 16). Elle commémorait la délivrance du peuple entier quand, sous la conduite de Moïse, il quitta l'Égypte, où il était asservi (Exode 12). Tandis que l'Ange destructeur frappait les oppresseurs, les Israélites, prêts au départ, étaient épargnés à cause du signe mis sur l'encadrement de leurs portes : le sang d'un agneau, égorgé la veille au soir. (Pour le sens symbolique, voir Jean 1. 29 ; 1 Pierre 1. 18, 19 ; Actes 8. 32-35 ; Apocalypse 5. 6, 9.) Pendant les 7 jours suivant le crépuscule de la Pâque, on mangeait des pains sans levain (ou : azymes). Voir Exode 12. 14, 15, 19 ; 1 Corinthiens 5. 7, 8. La veille de cette double fête était la *Préparation*° de la Pâque (Luc 23. 54 ; Jean 19. 14).

Parabole o

Comparaison empruntant des détails à la vie courante pour illustrer un enseignement moral ou spirituel (Matthieu 13. 34, 35 ; Marc 4. 33, 34).

Pardonner o, Voir *Grâce*, Voir *Rémission*

Jésus pardonne les péchés à un paralysé et le guérit (Matthieu 9. 2, 5, 6 ; Marc 2. 5, 7, 9, 10), à une femme pécheresse (Luc 7. 47, 48). Si nous lui confessons nos péchés, Dieu est fidèle et juste pour nous pardonner nos péchés car le sang de Jésus Christ, son Fils, nous purifie de tout péché (1 Jean 1. 7-10). Le pardon divin comprend l'effacement de la faute ou du péché. Ceux dont les iniquités sont pardonnées sont sauvés et bienheureux (Romains 4. 7).

Péché o, Voir *Vieil homme*

Principe de mal dans l'homme, produisant les péchés. Il a été transmis à tous les hommes depuis la désobéissance d'Adam (Romains 3. 9 ; 5. 12). Il est caractérisé par l'insoumission à la volonté de Dieu, à sa Parole, et conduit à une marche sans loi, sans frein (1 Jean 3. 4).

Pécheur o, Voir *Publicain*

C'est celui qui possède la nature pécheresse et qui commet des péchés : tout homme est dans cet état (Romains 5. 8, 19). Le Seigneur était séparé des pécheurs (Hébreux 7. 26) à cause de sa nature exempte de péché, donc ne pouvant commettre de péchés ; mais il est venu dans le monde pour sauver des pécheurs (1 Timothée 1. 15).

Pères o, Voir *Anciens*

Pharisiens o

Secte juive très attachée à la Loi de Moïse et à la tradition qui s'y était ajoutée au cours des siècles (Marc 7. 8) ; ils observaient les ordonnances avec rigidité et quelque ostentation (Matthieu 23. 23 ; Luc 18. 9-14). Les pharisiens furent parmi les adversaires les plus acharnés de Jésus (Luc 5. 21 ; 5. 30 ; 6. 7 ; Jean 7. 31, 32, 45-48...). Voir cependant Jean 3. 1, 2 ; 19. 39, 40 (Nicodème). Les *sadducéens*, adversaires des pharisiens, rejetaient la tradition et ne retenaient que les prescriptions morales de l'A.T. Ils niaient la résurrection des morts et l'existence des anges et des démons (Matthieu 16. 11, 12 ; 22. 23 ; Marc 12. 18 ; Luc 20. 27 ; Actes 23. 6-8).

Phrygie o, Voir *Asie*

Pilate o

Ponce Pilate fut *Gouverneur*° (ou procurateur) de la province romaine de *Judée*° sous l'empereur Tibère (Luc 3. 1) de 26 à 36 après J.-C. (voir Actes 3. 13 ; 13. 28). Il fut responsable de la condamnation de Jésus (Matthieu 27. 13-26 ; Actes 4. 27, 28).

Pisidie o, Voir *Asie*

Pite o, Voir *Monnaie / poids*

La plus petite monnaie de bronze : 1/8 de l'as (ou sou) romain.

Pont o, Voir *Asie*

Portique o, Voir *Temple*

Préparation o, Voir *Pâque*, Voir *Sabbat*

Prétoire o, Voir *Gouverneur*

Prochain o

La parabole de Luc 10. 25-37 répond à la question posée : "Et qui est mon prochain ?" En fait la réponse est double :

❶ Le Seigneur Jésus est le prochain de tous les hommes, parce qu'il s'est approché de tous, et il s'est occupé particulièrement de ceux qui avaient le plus de besoins. Il a apporté les soins appropriés à chaque cas, et souvent la guérison. Mais surtout, il "s'est chargé de nos douleurs... il a été blessé pour nos transgressions... le châtiment qui nous donne la paix a été sur lui, et par ses meurtrissures nous sommes guéris" (Ésaïe 53. 4, 5). C'est lui qui "a usé de miséricorde" envers le blessé abandonné au bord de la route. Et c'est lui qui, encore aujourd'hui, fait preuve de la même compassion envers tous les hommes. Si nous croyons que nous sommes morts dans nos fautes et nos péchés, alors Christ nous donne la vie éternelle.

❷ Toute personne est notre prochain – parce que nous sommes des humains –, mais particulièrement celles avec qui nous pouvons être en contact, et ceci quelles que soient leur race, leur condition, leur situation. Au sujet de notre prochain, la Bible nous enseigne à :

– l'aimer comme nous-mêmes (Matthieu 19. 19 ; Marc 12. 31 ; Romains 13. 9, etc.)
– ne pas le mépriser (Proverbes 14. 21)
– lui plaire, en vue du bien, pour l'édification (Romains 15. 2)
– lui dire la vérité (Éphésiens 4. 25)
– ne pas porter de faux témoignage contre lui, ni lui faire aucun mal (Exode 20. 16, 17)
– ne pas le juger (Jacques 4. 12).

Proconsul o
Gouverneur d'une province romaine quand elle dépend du Sénat (Serge Paul dans l'île de Chypre : Actes 13. 4-7 ; Gallion, gouverneur de l'Achaïe, à Corinthe : Actes 18. 12).

Prosélyte o
Non-Juif converti au Judaïsme (Matthieu 23. 15 ; Actes 2. 5-11, etc.).

Publicain o
Publicain ou péager : dans le N.T., collecteur d'impôts opérant pour le compte de l'occupant romain, malgré son origine juive ; soupçonnés de malversations et souvent considérés comme trahissant leurs compatriotes, les publicains étaient méprisés par eux et assimilés dans l'opinion aux pécheurs notoires, qui ne tenaient pas compte de la Loi de Moïse.
Pécheur, associé à *publicain* : Matthieu 9. 10, 11 ; Marc 2. 15, 16 ; Luc 7. 34, etc.

Quadrant o, Voir *Monnaie / poids*
Petite monnaie = 1/4 de l'as (ou sou), ou 2 *pites*°.

Rémission o, Voir *Pardonner*
Litt. : le fait de jeter au loin, d'effacer (une dette). Rémission des péchés : effet de la grâce de Dieu à l'égard du coupable qui se repent et croit sa Parole (voir 1 Jean 1. 9 ; Ésaïe 38. 17).

Repentance / se repentir o
Changement de pensée, du cœur et de l'esprit qui se tournent vers Dieu (Actes 20. 21) ; elle conduit le pécheur à porter sur son état de péché et sur les fautes commises le même jugement que Dieu (Luc 15. 20, 21). Alors Dieu lui accorde sa grâce et le salut en Christ. C'est la bonté de Dieu qui pousse le pécheur à la repentance (Romains 2. 4), car il veut que

tous viennent à la repentance (Actes 17. 30 ; 2 Pierre 3. 9).

Reste ○

Ensemble des croyants qui demeurent fidèles à la fin d'une période biblique donnée (ou "dispensation") (Romains 9. 27 ; 11. 5).

Sabbat ○, Voir *Synagogue*, Voir *Temps*

Repos, en hébreu : le septième jour de la semaine, où toute l'activité habituelle doit cesser pour les Israélites, ce jour étant consacré à Dieu comme signe d'alliance perpétuelle avec ce peuple (Exode 20. 8-11 ; 31. 12-17). Le sabbat commence au soir du 6e jour (que nous appelons vendredi) et se termine au crépuscule suivant (celui du samedi). Le jour précédant le sabbat est appelé la *Préparation*○ (Matthieu 27. 62 ; Marc 15. 42 ; Luc 23. 54).

Sacerdoce / sacrificateur ○

Le *sacerdoce* (*office du sacrificateur*) consiste à être en relation avec Dieu pour lui rendre culte, le servir.

– Dans l'A.T. et selon la loi de Moïse, le culte consistait à apporter des dons ou offrandes. C'est à Aaron et à ses fils, puis à ses descendants, qu'était confiée la charge de recevoir des Israélites et d'offrir de leur part ces *sacrifices*○ à Dieu, l'Éternel. Ces fils avaient le titre de *sacrificateurs*, Aaron à leur tête, celui de *souverain sacrificateur*. Ils avaient notamment la charge d'offrir sur l'autel les animaux qu'on devait immoler pour la purification du peuple.

Ils étaient les chefs des *Lévites*○, avec qui ils partageaient la charge d'enseigner la Loi au peuple, et avaient de la part de Dieu une autorité de chefs religieux sur le peuple d'Israël.

– Dans le N.T., au temps de Jésus, on appelait *principaux sacrificateurs*, le souverain sacrificateur en charge et ceux qui avaient eu précédemment cette dignité, mais aussi certains membres de leur famille (voir Luc 3. 2 ; Jean 11. 47-51 ; 18. 13).

– Le mot *sacerdoce* désigne aussi *l'ordre* ou l'ensemble du corps des sacrificateurs et le système religieux qui s'y rattache.

– Le *sacerdoce* lévitique a subsisté jusqu'à ce que se lève un autre sacrificateur qui n'a pas été nommé selon l'ordre d'Aaron (Hébreux 7. 11) : Christ lui-même. Il est *souverain sacrificateur* dans le ciel (Hébreux 2. 17 ; 8. 1). À son entrée dans le ciel, il a reçu la dignité de souverain sacrificateur pour l'éternité selon l'ordre de Melchisédec (Hébreux 5. 6, 10). Pour la bénédiction de son royaume futur, il sera à la fois Roi et Souverain Sacrificateur. Christ exerce maintenant son sacerdoce en faveur des croyants : c'est lui qui les présente à Dieu, qui présente aussi leurs offrandes en les sanctifiant (Hébreux 2. 17 ; 10. 21), qui intercède pour eux et les soutient jusqu'au salut final (Hébreux 7. 25).

– Tous ceux qui ont cru en Christ sont élevés à la dignité de *sacrificateurs* (Apocalypse 1. 6 ; 5. 10). Ils constituent ensemble un *saint sacerdoce* : ils offrent des sacrifices spirituels à Dieu ; ils forment un *sacerdoce royal* en témoignage devant le monde (1 Pierre 2. 5, 9).

Sacrificateur o, Voir *Sacerdoce / sacrificateur*

Sacrifice o, Voir *Holocauste*, Voir *Sacerdoce / sacrificateur*

C'est ce qui est immolé comme offrande à Dieu. Le sacrifice de Christ est meilleur que ceux offerts sous la Loi (Hébreux 9. 23). Le Christ s'est livré lui-même comme sacrifice à Dieu (Éphésiens 5. 2). Il a été manifesté une fois pour l'abolition du péché par le sacrifice de lui-même, et une fois pour toutes (Hébreux 9. 26). Ayant offert un seul sacrifice pour le péché, Jésus s'est assis à la droite de Dieu à perpétuité (Hébreux 10. 10, 12).

Les croyants sont exhortés à consacrer leur vie à Dieu pour le servir (Romains 12. 1) et le louer (Hébreux 13. 15), à faire part de leurs biens (Hébreux 13. 16). Dieu prend plaisir à de tels sacrifices. Les croyants offrent des sacrifices spirituels agréables à Dieu par Jésus Christ quand ils l'adorent (1 Pierre 2. 5).

Sadducéens o, Voir *Pharisiens*

Saint Esprit o, Voir *Esprit / Esprit Saint*

Le Saint Esprit est Dieu, comme le Père et le Fils (Matthieu 28. 19). Il a toujours agi sur la terre et dans les hommes. À la Pentecôte, après que Christ a été ressuscité et élevé dans le ciel, il a été envoyé par le

Père et le Fils (Jean 14. 16 ; 15. 26 ; Actes 2. 4). La présence du Saint Esprit sur la terre caractérise la période chrétienne pendant laquelle se forme l'Église (ou l'Assemblée), l'épouse de Christ. Le Saint Esprit habite dans chaque croyant (né de nouveau) et lui donne conscience qu'il est enfant de Dieu (Romains 8. 11, 16). Il est le lien vivant qui unit tous les croyants en un seul corps : l'Église (1 Corinthiens 12. 13). Il agit pour sa formation et son édification, il console, il affermit la foi et l'espérance de chacun, jusqu'au retour de Christ (1 Corinthiens 12. 7-11).

Saints o, Voir *Sanctifié*

Dans le N.T., tous ceux qui ont cru en Jésus et en son œuvre expiatoire sont : réconciliés avec Dieu (Romains 5. 10 ; 2 Corinthiens 5. 17-20), sauvés par grâce (Éphésiens 2. 8), rachetés (1 Pierre 1. 18-21), régénérés ou nés de nouveau (1 Pierre 1. 3, 23 ; Jean 3. 3-8), lavés de leurs péchés, sanctifiés (rendus saints), justifiés (rendus justes), nés de Dieu, ou fils adoptifs du Père (voir Jean 1. 12, 13 ; Romains 8. 29, 30 ; 1 Corinthiens 6. 9-11 ; Galates 4. 4-7 ; Éphésiens 1. 4-7). Leur responsabilité pratique est de se sanctifier.

Salut o, Voir *Pardonner*, Voir *Pécheur*, Voir *Repentance / se repentir*, Voir *Âme / esprit / corps*

Samarie / Samaritain o

Région située entre la *Judée*° proprement dite, au sud, et la *Galilée*°, au nord de la Palestine. Les Samaritains étaient considérés par les Juifs, qui avaient reconstruit le Temple de Jérusalem, comme des étrangers pratiquant un culte mélangé (Jean 4. 9, 19-22). La Samarie fut évangélisée par Jésus lui-même (Luc 17. 11-19 ; Jean 4. 39-42), puis par Philippe, Pierre et Jean (Actes 1. 8 ; 8. 1, 4-25 ; 9. 31).

Sanctifié o

Consacré, mis à part pour Dieu. Devant Dieu, tout croyant est sanctifié (Actes 20. 32 ; 26. 18 ; 1 Corinthiens 1. 2 ; 6. 11 ; Hébreux 2. 11 ; 10. 10, 14). Il est mis à part pour Dieu par l'œuvre de la rédemption et par le Saint Esprit qui demeure en lui.

En conséquence, dans sa vie sur la terre, le croyant s'applique aussi à réaliser pratiquement et progressivement cette sanctification (Apocalypse 22. 11) : par l'effet de la Parole de Dieu (Jean 17. 17, 19), par la séparation du mal (2 Corinthiens 7. 1 ; 2 Timothée 2. 21), par Dieu lui-même (1 Thessaloniciens 5. 23). Christ sanctifie l'Assemblée (ou l'Église), en la purifiant par le lavage d'eau par la Parole (Éphésiens 5. 26).

Sanhédrin o

Tribunal religieux des Juifs, présidé par le *souverain sacrificateur*°, ayant compétence pour Jérusalem et la *Judée*°.

Scandale / scandaliser o, Voir *Chute*

Occasion ou moyen de tomber (au sens figuré). D'où le verbe scandaliser ; être scandalisé, se scandaliser de (Romains 14. 21).

– Sens particulier : le scandale de la croix (Galates 5. 11). La croix met de côté, arrête, l'homme et ses raisonnements ; voir 1 Corinthiens 1. 18 ; 1 Pierre 2. 8 ; 2 Corinthiens 10. 5.

Scribe o

Celui qui écrit, rédige des constats, comptabilise.

– Sens particulier : versé dans les Écritures saintes et capable de les enseigner (dans l'A.T.). Dans le N.T., les scribes s'opposent le plus souvent à la doctrine de Jésus (Matthieu 9. 3 ; Marc 2. 6, 7 ; Luc 6. 7 ; Jean 8. 3-6). En Matthieu 23. 34, Jésus annonce aux opposants qu'il leur enverra des prophètes et des scribes (ceux qui allaient rédiger le N.T. ou publier son message).

Secouer o

Secouer la poussière de ses pieds, ou ses vêtements (Matthieu 10. 14 ; Marc 6. 11 ; Luc 9. 5 ; 10. 11 ; Actes 13. 51 ; 18. 6) : geste des envoyés du Seigneur pour témoigner publiquement que leur message a été refusé, mais que la responsabilité des incroyants demeure sur eux.

Seigneur o

Seigneur ou *maître*° des esclaves et des domestiques. C'est le même terme qui, employé comme titre du "Seigneur Jésus", exprime sa suprématie, son autorité.

– Sens particulier : Seigneur*, avec le sens de : "le Seigneur Dieu" ou "l'Éternel" de l'A.T.

Servir / service ○

Honorer Dieu, lui rendre culte (Matthieu 4. 10 ; Actes 27. 23 ; Romains 1. 9 ; 12. 1 ; 2 Timothée 1. 3, etc.).

Serviteur / esclave / domestique ○

La langue grecque utilise plusieurs termes qui sont traduits par "serviteur" dans le N.T., parmi lesquels :
– "Serviteur", "domestique" : celui qui a un service dans une maison (grec : "oikétês") : Luc 16. 13 ; Actes 10. 7 ; Romains 14. 4 ; 1 Pierre 2. 18.
– "Serviteur", "esclave" (grec : "doulos"), totalement assujetti à son maître, qui l'a acheté (Matthieu 24. 45-51 ; Éphésiens 6. 5).
Tous les croyants sont des esclaves (volontaires) de Dieu (1 Pierre 2. 16), de Jésus Christ (Éphésiens 6. 6). Les apôtres se nomment ainsi (Romains 1. 1 ; Jacques 1. 1 ; 2 Pierre 1. 1 ; Jude 1 ; Apocalypse 1. 1).
– "Serviteur", dans le sens de "ministre" (grec : "diakonos") : celui qui a reçu du Seigneur un service (ou : ministère) dans l'assemblée chrétienne (2 Corinthiens 6. 4 ; Éphésiens 3. 7 ; Philippiens 1. 1 ; Colossiens 1. 7, 25). Les qualifications morales pour assumer cette charge sont énumérées en 1 Timothée 3. 8-13.
– "Serviteur", ou "jeune homme" (grec : "païs") : Luc 1. 54 ; 7. 7 ; Actes 3. 13, 26 ; 4. 27.
– "Serviteur" (grec : "hupêrétês") qui signifie à l'origine : le rameur obéissant au rythme du chef de rame. Ce mot est utilisé pour désigner divers services dans le N.T., notamment dans l'expression : "serviteur de la Parole" (Luc 1. 2) ; voir aussi Actes 26. 16 ; 1 Corinthiens 4. 1.

Siècle ○

Période de durée non déterminée. (Ce mot n'a jamais dans le N.T. le sens de période de 100 ans.) En particulier :
– "ce siècle" (Luc 16. 8 ; 2 Corinthiens 4. 4) ou "le présent siècle" (Galates 1. 4 ; Tite 2. 12) : la période actuelle, mais aussi tous ceux qui portent le caractère moral du monde actuel, indifférent aux droits de Dieu ou en rébellion contre lui.
– le "siècle à venir" (Hébreux 6. 5) ou "siècle qui vient" (Marc 10. 30 ; Luc 18. 30) : la période de bénédiction qu'attendent les croyants.

– "aux siècles des siècles" (Galates 1. 5 ; Hébreux 1. 8) : pour toujours.

Sou o, Voir *Monnaie / poids*

Souverain sacrificateur o, Voir *Sacerdoce / sacrificateur*

Surveillant o

Chrétien appelé à veiller avec attention et consécration au bien de chacun et de l'ensemble dans l'Église locale. Les surveillants ont été choisis au commencement par les apôtres ou leurs délégués, en raison de leurs qualités morales. L'Esprit Saint les recommande aujourd'hui s'ils présentent ces mêmes qualités (Actes 20. 28 ; Philippiens 1. 1).

Synagogue o

Lieu où les Juifs se rassemblent dans chaque ville, principalement le jour du *sabbat*°, pour la lecture en commun de l'A.T. (Matthieu 4. 23 ; 9. 35 ; 13. 54 ; Marc 1. 21 ; Luc 4. 15, 16 ; Jean 6. 59 ; Actes 15. 21).

Tabernacle o

❶ Dans l'A.T., tente (de rassemblement) construite selon les instructions données par l'Éternel à Moïse, pour être une habitation de Dieu dans le désert (Hébreux 8. 5). Le tabernacle était constitué d'un lieu saint, où se trouvaient une table avec les pains de proposition, un chandelier et un autel où l'on brûlait de l'encens ; de l'autre côté d'un *voile*°, se situait le lieu très-saint, ou Saint des Saints, avec l'arche de l'alliance. Seul le souverain sacrificateur pouvait entrer dans le lieu très-saint une fois par an, avec le sang d'un sacrifice et de l'encens (voir Lévitique 16 ; Hébreux 8 et 9).

❷ Fête des tabernacles : Septième et dernière fête annuelle en Israël (voir Lévitique 23. 33-44). Elle était célébrée pendant sept jours à partir du quinzième jour du septième mois (notre mois d'octobre), à la fin de la récolte des champs. Elle rappelait aux Israélites que leurs pères avaient vécu sous des tentes après leur sortie d'Égypte, avant d'entrer dans la terre promise. Les Juifs, au temps du Seigneur, célébraient encore la fête des tabernacles (Jean 7. 2, 37).

Talent ○

Monnaie de compte valant 60 mines, c.-à-d. 6000 *drachmes*° ; la drachme grecque équivaut à peu près au *denier*° romain.

Témoignage ○

• 2 Timothée 2. 2 – compte-rendu fait par une personne de ce qu'elle a vu ou entendu. Un témoignage, pour être reçu, nécessite l'avis d'au moins deux témoins (1 Timothée 5. 19).

• Actes 22. 12 – "un bon témoignage" : on rendait témoignage à sa piété.

• 1 Jean 5. 6-12 – "le témoignage de Dieu" : qu'Il a rendu au sujet de son Fils.

• 1 Corinthiens 2. 1 – idem

• 1 Corinthiens 1. 6 – "le témoignage du Christ" : tout ce qui concerne sa personne et son œuvre.

• 2 Timothée 1. 8 – "le témoignage de notre Seigneur" : les résultats de son œuvre qui sont le salut, l'appel, la grâce, le service, la célébration de la Cène, etc.

• Matthieu 26. 59 – témoignages mensongers.

Temple ○

❶ Temple, au sens restreint (grec : naos) : pour ce sens seulement on trouve un appel à l'Index dans le texte.

Il désigne l'habitation de la Divinité (Matthieu 26. 61 ; Marc 14. 58 ; 15. 29 ; Luc 1. 9 ; Jean 2. 19-21). Il comprenait le lieu saint et le lieu très-saint, séparés par un grand *voile*. Seul le souverain sacrificateur pouvait y entrer pour le service (voir Exode 26. 31-34 ; Lévitique 16. 12, 13 ; Matthieu 27. 51 ; Marc 15. 38 ; Hébreux 9. 2-12). Le Trésor du Temple de Jérusalem donnait sur le parvis, d'où l'on pouvait verser les offrandes (Matthieu 27. 5, 6 ; Marc 12. 41 ; Luc 21. 1 ; Jean 8. 20).

❷ Temple, au sens large (sans appel à l'index) : Sanctuaire (grec : hiéron), c.-à-d. l'ensemble des bâtiments sacrés, avec cours et dépendances (Matthieu 12. 5). Vers 20 avant J.-C., *Hérode*° le Grand avait commencé à reconstruire et embellir le Temple d'après l'Exil (Esdras 6. 14-16). Une immense galerie couverte à colonnes, appelée *portique* de Salomon, abritait la foule, y compris les marchands de bêtes pour les sacrifices, et les changeurs ou banquiers (Matthieu 21. 12, 13).

Temps o

Mesure du temps : les Hébreux divisaient l'année en mois lunaires et en semaines ; une journée était comptée d'un soir au soir suivant, non de minuit à minuit (Genèse 1. 5). Voir *Sabbat*°.

Les Juifs divisaient en 12 "heures" (Jean 11. 9) la durée du jour solaire, de l'aube au crépuscule. Plus longues en été, plus courtes en hiver, ces heures ne correspondent aux nôtres que très approximativement :
– 1e heure : le début du jour
– 3e heure : vers 9 heures
– 6e heure : vers midi
– 9e heure : environ 15 heures (Matthieu 27. 45, 46)
– 11e heure : environ une heure avant le coucher du soleil (Matthieu 20. 1-12).

La nuit était partagée en 4 veilles :
– du coucher du soleil à 9 ou 10 heures du soir,
– la deuxième jusqu'à minuit,
– la troisième jusqu'à 2 ou 3 heures du matin,
– la dernière jusqu'à l'aube (Matthieu 14. 25 ; Marc 6. 48 ; 13. 35 ; Luc 12. 38).

En Jean 19. 14, le temps paraît avoir été compté à la façon romaine : à la sixième heure, il est environ six heures du matin.

– Sens particulier : Temps de rafraîchissement, temps du rétablissement de toutes choses (Actes 3. 19, 21) : Ces temps se réfèrent à l'époque future où la création sera affranchie de la servitude de la corruption (Romains 8. 20-22) et où le Christ fera régner la justice sur toute la terre. Ces temps ont été annoncés par les prophètes de l'A.T. qui ont invité le peuple d'Israël à la repentance comme nation (Deutéronome 30. 1-3 ; Amos 9. 14, 15 ; Actes 1. 6 ; Romains 11. 25, 26).

Tétrarque o

Prince subalterne, auquel était attribué le gouvernement d'une fraction de territoire, sans le titre officiel de roi (Luc 3. 1 ; Matthieu 14. 1 ; Actes 13. 1).

Troas o, Voir *Asie*

Van ○

Le blé (froment ou autre céréale) était battu sur une surface plane (l'aire), puis on séparait les grains de la paille et des débris (la balle), en secouant le tout dans un panier en osier (un van) qu'on exposait au vent.

Veille(s) ○, Voir *Temps*

Venue du Seigneur ○

– Jésus est venu une fois dans le monde pour sauver ceux qui croient (Matthieu 18. 11 ; 1 Timothée 1. 15). Il a promis : "Je reviendrai" (Jean 14. 3), et "Je viens bientôt" (Apocalypse 3. 11).

– Sa seconde venue aura lieu en deux phases :

❶ D'abord pour prendre auprès de lui ses rachetés qui seront ressuscités ou changés (1 Corinthiens 15. 51, 52 ; Philippiens 3. 20, 21 ; 1 Thessaloniciens 4. 15-18).

❷ Ensuite aura lieu, avec eux, son *apparition* dans ce monde pour juger et pour régner (2 Thessaloniciens 1. 7-10 ; 2. 8 ; Apocalypse 19. 11-16).

Vieil homme ○, Voir *Chair*, Voir *Péché*

Tout homme qui vient au monde naît pécheur, car il descend d'Adam dont la désobéissance a introduit le péché dans le monde. Il a la vie et la nature de ses parents.

Mais "Dieu a envoyé son Fils unique dans le monde, afin que nous vivions par lui" (1 Jean 4. 9). Celui qui croit en son nom est "né de Dieu", "né de nouveau", pour être un nouvel homme, "participant de la nature divine" (2 Pierre 1. 4). Dieu n'améliore pas ce qui est ancien. Le vieil homme a été crucifié avec Christ, pour recevoir à la croix la juste sentence qu'il méritait. Désormais, Dieu considère le croyant comme un nouvel homme, responsable de marcher comme tel. L'expression "vieil homme" (Romains 6. 6 ; Éphésiens 4. 22 ; Colossiens 3. 9, 10), par contraste avec le "nouvel homme", paraît englober tout ce que j'étais, homme pécheur responsable, dans mon ancienne condition avant d'avoir cru.

Vinaigre ○

La boisson fournie aux soldats romains était du vin aigri qu'ils étendaient d'eau (Psaume 69. 21 ; Matthieu 27. 34, 48 ; Marc 15. 36 ; Luc 23. 36 ; Jean 19. 28-30).

Voie ○

Ce mot paraît avoir été employé pour désigner la foi chrétienne à ses débuts : Actes 9. 2 ; 18. 24, 26 ; 19. 9, 23 ; 22. 4 ; 24. 14, 22.

Voile ○, Voir *Temple*

Zélote ○

Mot accolé au nom de l'apôtre Simon, pour le distinguer de Simon Pierre ; l'équivalent est "Cananéen" (ou : Cananite) (Matthieu 10. 4 ; Marc 3. 18 ; Luc 6. 15). Les Zélotes étaient des patriotes juifs menant des actions violentes contre l'occupant romain.

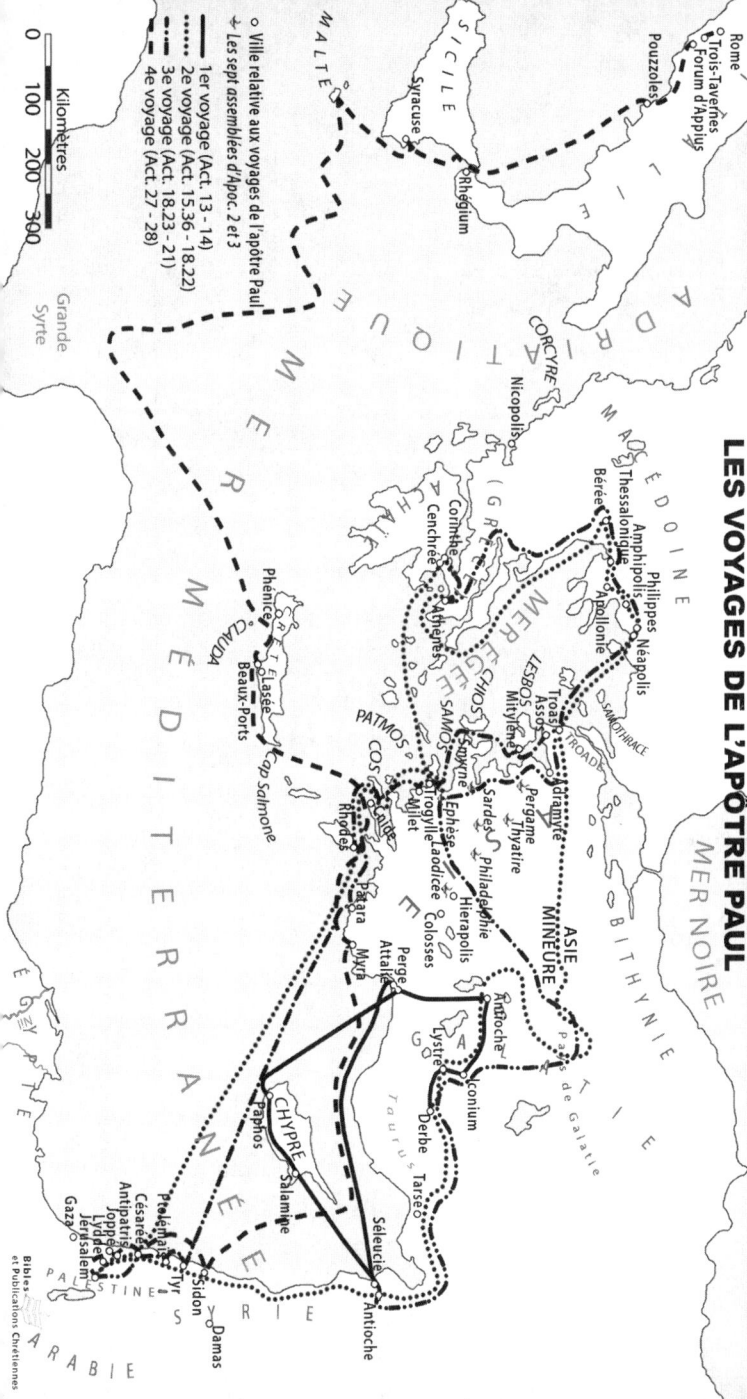

Table des matières

	page
Lecteur	5
Évangile selon Luc	9
Actes des Apôtres	96
Annexe	179